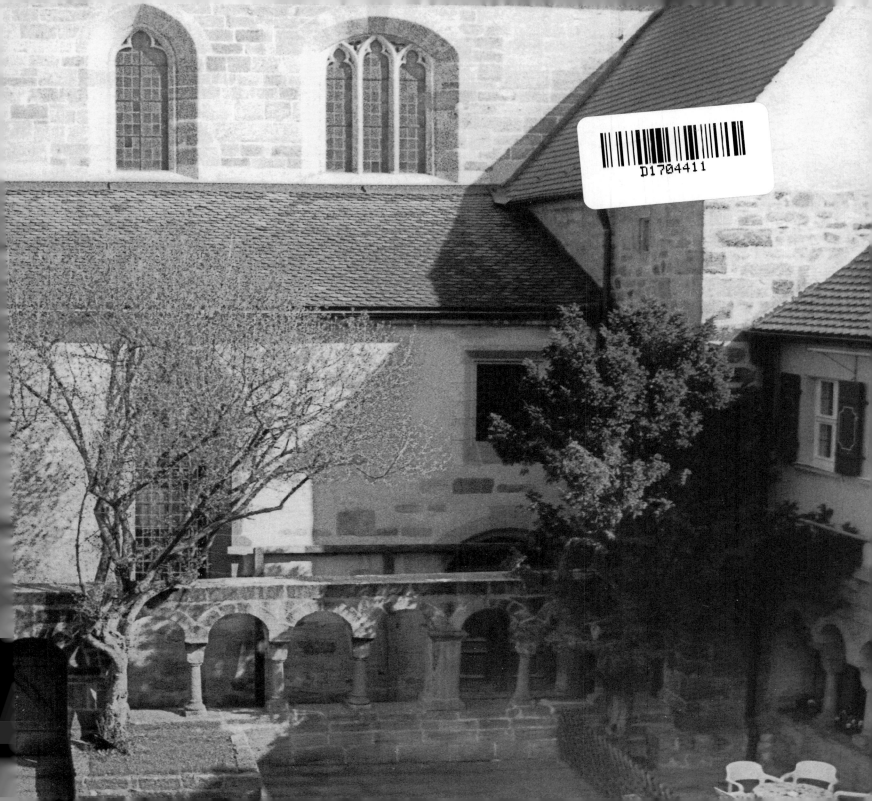

50 Jahre
Kreuzgangspiele Feuchtwangen

herausgegeben von

der Stadt Feuchtwangen

Verlegt bei Dr. Bernd Wißner

Edition Helma Kurz

Vorderes Umschlagbild:
1950 Shakespeare »Was ihr wollt« und 1986 Lessing »Nathan der Weise«

Hinteres Umschlagbild:
1985 Lindgren »Pippi Langstrumpf«

Fotonachweis:
Foto Deininger, Feuchtwangen
Foto Brenne, Feuchtwangen
Foto Ruprecht, Dinkelsbühl
Wilhelm Pabst, Uhingen
Sandor Domonkos, Berlin

Wir danken für die freundliche Überlassung
wertvoller Fotodokumente

Die Deutsche Bibliothek – CIP-Einheitsaufnahme

Kreuzgangspiele <1949 - 1998>:
50 Jahre Kreuzgangspiele Feuchtwangen / hrsg. von der Stadt
Feuchtwangen. – Augsburg : Wißner, 1998.
  (Edition Helma Kurz)
  ISBN 3-89639-105-4

ISBN 3-89639-105-4

© 1998 by Dr. Bernd Wißner, Augsburg
Satz und Layout: Wißner Verlag
Druck: Hofmann-Druck, Augsburg

INHALT

VORWORT

Die Trümmer sind längst geräumt, die Opfer beklagt und trennende Grenzen beseitigt worden. Dennoch hat die unfaßbare Not der Nachkriegszeit Spuren hinterlassen. Gab es doch 1949 zum Beispiel in Feuchtwangen Menschen, die nicht ausschließlich Materielles im Sinne hatten: Sie spielten erstmals im Freien Theater. Im ersten Jahr halb professionell, halb mit Laien besetzt, in allem aber ambitioniert. Der romanische Kreuzgang des ehemaligen Benediktinerklosters im Schatten der Stiftskirche gab den würdigen Rahmen. Kultur als Weg aus der Not. Auf jeden Fall ein Beweis, daß menschliches Leben ohne Kultur nicht möglich ist. Auch die heute unaufhaltsam kreisenden globalen Kapitalströme werden sich an dieser Erkenntnis messen müssen.

Ob eher Schäfer oder mehr Keim, gar alleine Oberspielleiter Kindler den Anstoß gegeben hat, ist eigentlich marginal. Zumindest mußte sich der damalige Landrat Paul Keim über viele Jahre hinweg der schweren Aufgabe stellen, die begonnene Kulturarbeit zu pflegen und in den kommunalen Gremien abzusichern. Er tat es auf seine Weise und mit Mitteln, die nur aus den Umständen verständlich werden. Weil der künstlerische Anspruch stets hoch war, hatte er Erfolg.

Paul Keim hat dem Feuchtwanger Land kulturelle Identität gegeben.

Kulturmanagement war nicht vornehmlich mein Ziel, als ich 1972 mein Amt angetreten habe. Der Rückzug des Landkreises Ansbach nach der Gebietsreform als Träger der Festspiele ließ der Stadt jedoch keine Wahl. Das inzwischen mit anderen in der Arbeitsgemeinschaft der sechs deutschen Festspielorte arrivierte Theater mußte weitergehen. Mit eigenem Personal, eigenem Ensemble und einem Intendanten für die künstlerische Organisation. Die gewachsene Professionalität erschloß neue Besucher, ihr materieller Beitrag und das Verständnis von Land, Bezirk, Landkreis und Stadt sichern hohes künstlerisches Niveau. Wir rekapitulieren fünfzig Jahre mit Dankbarkeit.

Und weiter? Wir sind zu alt, um nur zu spielen, doch jung genug, um ohne Wunsch zu sein. Wir wollen weiter das benediktinische Geviert mit geistigem Leben erfüllen, die Gunst des Sommertheaters nutzen, das keine Schwellenangst kennt. Wir wollen weiter die Geschichte von verbrecherischen und heroischen Menschen spielen, den König beim Gewissen packen, Geheimnisse offenbaren und in Träume eindringen. Unsere Gesellschaft ist wohlhabend genug, um Theater auch in Zukunft zu alimentieren. Der Beginn vor fünfzig Jahren sollte lehren, den Anspruch nie an den Möglichkeiten zu orientieren.

Ich danke allen, die ein halbes Jahrhundert lang fast aus dem Nichts für ein paar Sommerwochen in einer kleinen Stadt die ganze Welt des Theaters entstehen lassen. Neben Intendanten, Schauspielern und technischem Personal waren das insbesondere auch die Gründer-, Kreis- und Stadtväter und die Sponsoren, vom Freistaat Bayern bis zu Unternehmen und Privatpersonen wie den Familien Müssel und Karg, die

Besitz und Lebensumstände dem Theater unterordnen. Bei der Erstellung dieser Schrift hat uns Frau Verlegerin Helma Kurz beraten und betreut, Herr Senator Wolfgang C.-O. Kurz großzügig finanziell unterstützt. Auch das vermerken wir mit besonderer Dankbarkeit.

Die letzten fünfzig Jahre haben – mal wieder – die Welt verändert. Es spricht nichts dafür, daß wir in Zukunft auf Theater verzichten können.

Wolf Rüdiger Eckhardt
1. Bürgermeister

Susanne Klemm

Der romanische Kreuzgang – eine Betrachtung

Wer heute als Besucher der Kreuzgangspiele seinen Platz in den Zuschauerreihen einnimmt, wird, noch ehe das Spiel beginnt, von der stimmungsvollen Atmosphäre des ehemaligen Klosterhofs und der Kreuzgangarkaden eingenommen und in eine gespannte Erwartungshaltung versetzt. Es sei deshalb erlaubt, der namengebenden Institution der Feuchtwanger Freilichtspiele, nämlich dem Kreuzgang selbst, eine historische Darstellung zu widmen.

Der Kreuzgang ist der Überrest eines benediktinischen Klosters, das schon früh, nämlich in den Jahren 818 und 824 urkundlich erwähnt wird. Bedeutende Zeugnisse dieses Benediktinerklosters sind die noch erhaltenen Briefe des Mönches Froumund (um 990), die einen einzigartigen Einblick geben in die Lebensverhältnisse des Klosters vor der Jahrtausendwende. In der zweiten Hälfte des 12. Jahrhunderts erbauten die Benediktiner die heute noch sichtbaren Teile des Kreuzgangs und der Konventsgebäude. Wenig später wurde das Benediktinerkloster in ein Kollegiatsstift umgewandelt, dem ein im Jahr 1197 genannter Probst vorstand. Im Unterschied zu den benediktinischen Mönchen lebten die Chorherren nicht nach einer gemeinsamen Regel im Kloster, sondern besaßen ihre eigenen Häuser im Umkreis der Stiftskirche, benutzten aber sicherlich noch den Kreuzgang für liturgische Zwecke.

In seiner heutigen Erscheinung umfaßt der Kreuzgang einen nahezu quadratischen Innenhof von ca. 18 x 20 m. Drei Seiten sind als Arkadenwände ausgebildet, den südlichen Abschluß bildet das heutige Wohnhaus „Müssel". Die Arkadenwände zeigen eine sehr gleichmäßige Anordnung und Rhythmisierung. Eine Abfolge von drei Säulen, einem Rechteckpfeiler und wieder drei Säulen über einer niedrigen Sockelmauer flankieren jeweils die zentralen Öffnungen: in der

Nord-Südachse rundbogige Tore, die die Zugänge zum Garten darstellten; in der Ost-Westachse rundbogige Öffnungen über der Sockelmauer. Den einzigen Schmuck der Säulen bilden die Würfelkapitelle mit dreifach gestuften Schilden und Ecknasen und das

Carl Spitzweg, Bleistiftzeichnung 1858
Staatliche Graphische Sammlung München

Schachbrettdekor an den Kämpfern der Pfeiler. Der östliche Flügel (heute Café am Kreuzgang) ist augenscheinlich eine Rekonstruktion des 20. Jahrhunderts. Der westliche Flügel trägt ein aus dem 18. Jahrhundert stammendes Fachwerk, das die Handwerkerstuben beherbergt. Man kann mit ziemlicher Sicherheit davon ausgehen, daß West-, Nord- und Ostflügel ursprünglich einstöckig angelegt waren, als Wandelgänge, mit einem hölzernen, zum Hof hin geneigten Pultdach. Daß der Kreuzgang wie in Feuchtwangen nicht als Ambitus, als rundum begehbarer Wandelgang ausgebildet war, ist durchaus keine Seltenheit. Das Haus Müssel an der Südseite weist im Erdgeschoß und wohl auch im zweiten Stockwerk romanische Bausubstanz auf (mit Durchfensterungen jüngerer Zeit), während das dritte Geschoß in Fachwerkbauweise im 18. Jahrhundert aufgestockt wurde. Im Erdgeschoß ist ganz rechts eine Doppelarkade in Rechteckrahmung zu sehen, die stützende Säule gleicht vollständig denen der Arkadenseiten.

Die Baunähte, die noch erkennbaren Rechteckrahmungen an den drei anderen Fenstern des Erdgeschosses lassen den Schluß zu, daß auch diese ursprünglich als Doppelarkade ausgebildet waren, daß also zweimal zwei Doppelarkaden diese Mauerfläche auflockerten. Sicher wurde dieser südliche Flügel gleichzeitig mit den anderen errichtet. Rechteckrahmung wie auch die besondere Form der Säulenkapitelle sind Merkmale der Hirsauer Baukunst. Das ebenfalls rechteckig gerahmte Mittelportal führt in einen ziemlich schmalen Raum, in dem das Refektorium, der Speisesaal des einstigen Klosters zu erkennen ist. Zwei Gründe sprechen dafür: einmal die Anordnung in dem der Kirche gegenüberliegenden Flügel des Kreuzgangs, zum andern die zwei stark verwitterten Radkreuze links vom Eingangsportal. Diese auf Christus hinweisende Symbolik zeichnet in mittelalterlichen Klöstern häufig den Eingang zum Refektorium aus. Unverzichtbarer Bestandteil des Klosters war der Brunnen. Er liegt in der Südwestecke des Kreuzganggartens und garantierte die Wasserversorgung der Bewohner.

Der Kreuzgang als Kernbereich der Klausur war ausschließlich den Mönchen zur Nutzung vorbehalten. Sie trafen sich hier vor den Mahlzeiten zu rituellen Handwaschungen. In Steintrögen wurden die Kleider und das Bettzeug gewaschen und zum Trocknen auf aufgespannte Schnüre gehängt. Rasur und Haarschnitt wurden hier vorgenommen, ebenso Schuhreparaturen, Messerschleifen, und andere Tätigkeiten, die mit Lärm und Gespräch verbunden waren. Nur im Kreuzgang war nämlich das Schweigegebot für eine begrenzte Zeit am Tag aufgehoben.

Die Novizen und jüngeren Mönche wurden hier unterrichtet. Alle außerhalb des Kapitels notwendigen Unterweisungen durch den Abt, Vorträge oder Diskussionen zu dringenden Fragen hatten ebenfalls ihr Forum im Kreuzgang. Die Mönche fanden sich hier ein zur Lektüre der Heiligen Schrift und der Schriften der Kirchenväter. Sie suchten den Kreuzgang auf für private stille Gebete und für die Meditation. Liturgische Handlungen wie Toten- und Heiligenandachten wurden hier zelebriert. An hohen kirchlichen Feiertagen trug man in feierlichen Prozessionen das Kapitelkreuz durch den Kreuzgang und schließlich zur Kirche (daher der Name). Es war üblich, im Kreuzgangsgarten Wohltäter und Angehörige des Klosters zu bestatten, so auch in Feuchtwangen bis ins 16. Jahrhundert.

Durch die Umwandlung des Benediktinerkonvents in ein Chorherrenstift wurde der Kreuzgang weitgehend seines sakralen Charakters beraubt. Über Jahrhunderte hinweg sich selbst überlassen, bot er noch vor 70 Jahren einen traurigen Anblick: der Innenhof war bis zur Oberkante der Sockelmauer mit Kulturschutt verfüllt, der Garten verwildert. Das Dach des Nordflügels fehlte längst. Wegen der Baufälligkeit dieses Trakts waren dort schon 1812 die Säulen durch häßliche Backsteinpfeiler ersetzt worden. Eiserne Gitter verstellten die Arkaden und verhinderten den Zugang zum Garten. Der gesamte östliche Kreuzgang war vermauert und in ein Wohnhaus integriert worden. Ein Eisenwarenlager und andere Einbauten verunstalteten den Innenhof. Insgesamt eine wenig erbauliche Atmosphäre.

Dies änderte sich erst, als im Jahre 1933 der Neubau

der Städtischen Sparkasse am Ostflügel des Kreuzgangs beschlossen wurde. Der Vorstand des Volkskunst- und Heimatvereins regte damals an, in einem Zug mit dem Neubau der Sparkasse doch gleich den gesamten Kreuzgang zu renovieren. Unter Leitung von Carl May begann man mit dem Abbruch der an den Ostflügel angelehnten Häuser und der Herausschälung der im Mauerwerk steckenden Säulen. Sollten ursprünglich Säulen und romanische Außenmauer erhalten bleiben, so entschied man sich nun, mit Rücksicht auf die Statik des zweigeschossigen Sparkassengebäudes, den gesamten Flügel einzulegen. Man unterkellerte die ganze Fläche, leider ohne Beobachtungen im Hinblick auf die romanische Bausubstanz anzustellen. Das Sparkassengebäude wurde aufgerichtet und die östliche Arkade als vollkommen neue Rekonstruktion miteinbezogen. Gleichzeitig erfolgte die Tieferlegung des Gartens um etwa 70 cm und der Abbruch der nachträglichen Einbauten. In der Absicht, ein homogenes Erscheinungsbild zu schaffen, wurden die Backsteinpfeiler des Nordflügels entfernt und durch die Originalsäulen des Ostflügels ersetzt. Auch am Westflügel wurden zerbrochene Säulenschäfte ausgetauscht. Mag auch diese Sanierungsmaßnahme, die 1934 abgeschlossen war, im Nachhinein etwas radikal erscheinen, so führte sie jedenfalls zu einem einheitlichen Ganzen. Ohne diese Sanierung hätte der Kreuzgang wohl keine 50 Jahre Freilichttheater, wohl keine einzige Aufführung erlebt. Daß aber die intelligente Nutzung eines Baudenkmals gleichzeitig dessen Fortbestand sichert, ist eine Grundwahrheit der Denkmalpflege, und trifft auch auf den ebenso schönen wie historisch bedeutenden Kreuzgang zu.

Renovierung des westlichen Kreuzgangflügels 1933

Quellen und Literatur:

Aufriß des Ostflügels von 1933; Briefwechsel May–Lill (Konservator) 1933-34 im Ortsakt Feuchtwangen (Sparkasse), Bayerisches Landesamt für Denkmalpflege, München.

Carl May, Der 800jährige Kreuzgang zu Feuchtwangen, in: Heimatkunde, Monatliche Beilage zum „Bayerischen Grenzboten" 7, 1934, 1-3.

Joachim Schmidt, Die Bestandteile des mittelalterlichen Kreuzgangs und sein durch Natur und Architektur gestalteter Raum, Bochum 1987.

Feuchtwanger Heimatgeschichte 1, Die Feuchtwanger Briefe des Mönches Froumund aus dem 10. Jahrhundert, bearb. von F. Wünschenmeyer, S. Mühling, D. Weiß, Feuchtwangen 1988.

Rolf Legler, Der Kreuzgang, Ein Bautypus des Mittelalters, Frankfurt 1989.

Susanne Klemm

50 Jahre Kreuzgangspiele

Kreuzgangspiele heute: ein bestens etabliertes Freilichttheater, eingebunden in den Reigen bedeutender Festspielorte, namhafte Intendanten, bekannte Schauspieler, ein fester Kundenstamm und die hohe Auslastung der Sitzplätze. All dies sind Komponenten eines professionellen und erfolgreichen Sommertheaters, das der Stadt Feuchtwangen ganzjährig ein unverwechselbares Profil verleiht.

Aus dieser Sicht ist es heute kaum mehr vorstellbar, unter welch schwierigen äußeren Bedingungen die Kreuzgangspiele in der Nachkriegszeit ins Leben gerufen wurden. Auch Feuchtwangen war von der allgemeinen Not jener Jahre nicht verschont geblieben. Die Stadt zählte 4000 Einwohner, darunter waren 1500 Vertriebene und Evakuierte. Damals gelang es dem Leiter des Volksbildungswerks, Otto Schäfer, eine Laienbühne, die bereits vor dem Krieg gelegentlich aufgetreten war, zu reorganisieren. In seiner Ansprache zur Eröffnung der Laienbühne im Jahr 1947 heißt es: »Die große wirtschaftliche Not, der heute die Menschen in Stadt und Land ausgeliefert sind, die schweren Sorgen der geringen Ernährung, der Beheizung und Bekleidung können wir nicht lindern, aber wir können bescheiden zu unserm Teil beitragen, die geistige Not zu lindern.«

Es kam »Der zerbrochene Krug«, »Gaslicht« und »Das deutsche Nachkriegsspiel von der Geburt Christi« zur Aufführung. Es ist zu erwähnen, daß in jenen Jahren die Stückauswahl maßgeblich davon abhing, ob man für das gewünschte Stück ein Textbuch auftreiben konnte (daran scheiterte 1948 z.B. die geplante Aufführung von Gerhard Hauptmanns »Biberpelz«). Man

Otto Kindler

spielte in Feuchtwangen in der Turnhalle und gastierte außerdem 37mal im Landkreis, auch in Dinkelsbühl und Rothenburg. Die auf rein ideeller Basis aufgebaute Spielgruppe trug sich finanziell selbst, sie erzielte sogar trotz der Erstanschaffungen Einnahmen von 1500 RM. Für die Regie hatte Schäfer den seit Kriegsende in Bechhofen lebenden Otto Kindler verpflichtet, eine für Feuchtwangen glückliche Wahl, wie sich bald herausstellen sollte.

Otto Kindler (1905–1962) begann seine Bühnenlaufbahn als Achtzehnjähriger am Stadttheater seiner Vaterstadt Coburg. In den folgenden Jahren übernahm er verschiedene Rollen an den Theatern von Weimar, Tilsit, Schweidnitz und Neiße. 1928 wurde er Regieassistent am Neuen Theater in Frankfurt am Main, wo er auch neben Theo Lingen auftrat. Erste Erfahrungen mit einer Freilichtbühne sammelte Kindler von 1933–1937 als Teufel bei den »Jedermann«-Aufführungen in Schwäbisch Hall. In den Wintermonaten war er als Oberspielleiter am Stadttheater in Freiberg in Sachsen beschäftigt. Es folgten mehrere Jahre als Oberspielleiter in Erfurt und Marienbad, und 1947 und 1948 an der Städtischen Bühne Bayreuth, bevor er sich endgültig in Feuchtwangen niederließ. Auch als Autor mehrerer Erzählungen und Romane wurde er bekannt. Als Kindler seine Arbeit in Feuchtwangen aufnahm, verfügte er bereits über 25 Jahre Bühnenerfahrung.

Vielleicht war es seine Idee, mit der Laienbühne im Kreuzgang aufzutreten, denn »der Garten schrie ja seit eh und je nach theatralischen Aufführungen...«, wie er rückblickend beschreibt (Programmheft 1958).

Otto Schäfer unterbreitete am 23.4.1948 erstmals dem Landratsamt Feuchtwangen den Vorschlag, die Laienbühne zu einem festen Theater unter der Trägerschaft des Landkreises auszubauen, und zwar im Sommer als Freilichttheater im Kreuzgang, im Winter als Gastspielbühne in den Gemeinden des Landkreises. Mit Beschluß vom 28.6.1948 wurde dieser Antrag »im Hinblick auf die finanziellen Schwierigkeiten, die einem Theaterunternehmen nach Durchführung der Währungsreform in nächster Zeit bevorstehen« jedoch

Besprechung im Kreuzgang mit Landrat Paul Keim (2. von links), Otto Kindler (Mitte, deklamierend) und Otto Schäfer (rechts) 1949

vorerst vom Kreisausschuß abgelehnt. Dies konnte aber die Freunde Schäfer und Kindler längst nicht von ihren Plänen in Bezug auf ein Freilichttheater abbringen. Man unterhielt sich weiter über die Realisierungsmöglichkeiten von »Faust I« und »Was ihr wollt«. Kindler ging es bei dem Vorhaben Kreuzgang-Festspiele (als Kreistheater) nicht zuletzt um ein festes Engagement und die damit verbundene finanzielle Sicherheit. Schäfer wollte Kindler langfristig an Feuchtwangen binden, denn in der Arbeit des erfahrenen Theatermannes sah er das künstlerische Niveau der Aufführungen gewährleistet. Beiden gelang es schließlich, den neu gewählten Landrat Paul Keim für ihr Vorhaben zu gewinnen, und im März 1949 waren die Freilichtspiele im Kreuzgang beschlossene Sache.

Otto Kindler wurde mit der künstlerischen Leitung betraut. Paul Keim erklärte sich bereit, die Organisation in die Hand zu nehmen. Öffentlich-rechtlicher Träger sollte neben dem Landkreis auch die Stadt Feuchtwangen sein. Hatte man ursprünglich erwogen, Kindlers eigens für Feuchtwangen geschriebenes Heimatspiel »Die Glocken von 1648« zur Aufführung zu bringen, so kam man schließlich wegen der darin enthaltenen Grausamkeiten davon ab. Die Gretchentragödie aus dem »Faust I« wurde auf den Spielplan gesetzt. Möglicherweise wollte man sich mit der Wahl eines Klassikers der Weltliteratur ganz bewußt und programmatisch von den zahlreichen Heimatspielen anderer Orte absetzen. Mit den Darstellern der Laienbühne wurde nun die Gretchentragödie geprobt, wobei Otto Kindler den Mephisto spielte, Hanns Leitner von den Städtischen Bühnen Nürnberg den Faust. In der Feuchtwanger Bevölkerung fanden sich viele freiwillige Helfer für den Bühnenaufbau und die Herstellung der Kostüme. Es wurden Plakate geklebt und zusätzlich mit einem Lautsprecherwagen Werbung in den umliegenden Orten und Städten gemacht. Maria Ströder (die Darstellerin der Marthe Schwertlein von 1949) erzählt dazu folgende Geschichte: Man hatte von Regierungspräsident Schregle die Erlaubnis erhalten, auf dem Schloßplatz in Ansbach Lautsprecheransagen durchzugeben. Auch die dort tagenden Schlesier wollte man zu den Kreuzgangspielen nach Feuchtwangen einladen. Da passierte ihrem Kollegen am Megaphon folgender Lapsus: »Alle Feuchtwanger nach Schlesien! Alle Feuchtwanger nach Schlesien!«

Zwei Stunden vor Beginn der Aufführung der Gretchentragödie zog eine Unwetterfront auf und es begann so zu hageln, daß die Schauspieler den Kreuzgang mit Schaufeln freiräumen mußten. Man spielte, und die Premiere am 11. Juni 1949 wurde ein voller Erfolg. Sie fand ein begeistertes Publikum und eine ausgezeichnete Presse. Die Süddeutsche Zeitung (11.8. 49) schrieb:

> In der lieblichen Stadt Mittelfrankens wurde auf Veranlassung des um seinen Kreis sehr besorgten Landrates Paul Keim und des Bürgermeisters die 'Gretchentragödie aus dem Faust' aufgeführt. Im ehemaligen Klostergarten saßen die Zuschauer, in dessen Kreuzgang (im Hintergrund steht wuchtig und stimmungsvoll die große gotische Kirche) die Gretchenszenen sich abspielten. Ein

großartiger Rahmen. Was jedoch mehr ist: die Mitwirkenden waren von einem heiligen Eifer erfüllt, der sich auf die Zuschauer übertrug. Den Faust spielte der junge Hanns Leitner aus Nürnberg feurig und an dem Gretchen-Erlebnis reifend. Otto Kindler – dem die Arbeit an den Laien zu danken war und der als Regisseur den Raum meisterlich nutzte – als Mephisto war die 'Spottgeburt aus Dreck und Feuer'. Als Gretchen erschütterte eine achtzehnjährige Feuchtwangerin durch die Reinheit und Beseeltheit ihres Ausdrucks und ihrer Gebärden. Einprägsam der männliche Valentin. Die Bewohner Feuchtwangens, die auf der Bühne und jene auf dem Rasen des Klostergartens, waren hingebungsvoll bei der Sache. Es war eine lebendige, schwer zu vergessende Goethe-Feier, zu der Gäste aus ganz Franken herbeigeströmt waren. Diesen Laien-Freilichtspielen dürfte eine Zukunft beschieden sein.

Im ersten Spieljahr fanden sich bei 16 Vorstellungen 4 690 Besucher ein; die Eintrittspreise lagen zwischen 1 DM und 2 DM.

Daß sich die Kreuzgangspiele unter dem Konkurrenzdruck der in diesen Jahren zahlreich entstehenden Freilichtbühnen etablieren konnte, ist eindeutig das Verdienst Paul Keims.

Paul Keim (1912–1985), in Frankenhofen am Hesselberg geboren, studierte Rechtswissenschaften in Erlangen und Berlin. Nach dem Krieg war er als juristischer Staatsbeamter am Landratsamt in Weißenburg tätig. 1948 wurde er durch den Kreistag in Feuchtwangen erstmals zum Landrat gewählt. Die Wähler sprachen ihm weitere vier Male ihr Vertrauen aus und so blieb Paul Keim 24 Jahre lang, bis zur Gebietsreform 1972, in diesem Amt.

Vom ersten Tag an setzte sich Keim für die Kreuzgangspiele ein. Sie wurden, so darf man ohne Übertreibung sagen, ein Teil seiner selbst. Paul Keim kümmerte sich um alle Einzelheiten der Organisation, Durchführung und Vermarktung. Er führte die Verhandlungen mit den Intendanten, erwirkte Zuschüsse, schrieb Beiträge für die Programmhefte und für Fachzeitschriften, lud Autoren und Ehrengäste. So besuchten in den vergangenen 50 Jahren der bayerische Justizminister Jo-

Landrat Paul Keim

nis geworden. Unter der Überschrift »Muß der Landrat 'sitzen'?« berichtet die Fränkische Landeszeitung (4.8.1967) folgende Episode: Begeisterte Anhänger der Feuchtwanger Freilichtspiele hatten an Feldscheunen in Württemberg zwei Plakate der Kreuzgangspiele mit Reflektionsfarben angebracht. Da dies gegen die Naturschutzgesetze des Landes verstieß, wurde gegen Keim als Gesamtverantwortlichen ein Verfahren anhängig. Keim konnte freilich über den Verbleib jedes einzelnen Plakates (von insgesamt 6 000) keine Auskunft geben. Gelassen erklärte er sich bereit, jede Strafe einschließlich Haft auf sich zu nehmen. Die Staatsanwaltschaft stellte schließlich das Verfahren ein.

In dem Bestreben, die ideellen Grundlagen, die Trägerschaft und die Organisation der Kreuzgangspiele festzulegen, verfaßte Keim 1953 die von Stadtrat und Kreistag beschlossene SATZUNG DER FREILICHTSPIELE FEUCHTWANGEN, die hier auszugsweise wiedergegeben wird.

§ 1 Verpflichtung gegenüber Volk, Heimat, Vorfahren und Vaterland

Die Freilichtspiele im romanischen Kreuzgang in Feuchtwangen sind eine gemeinnützige Einrichtung zur Pflege der Kultur.

In dem Drängen und Hasten der Gegenwart sollen die geistigen Kräfte, die im romanischen Kreuzgang verkörpert sind, wieder zu kraftvoller Geltung gebracht werden. Der Mensch steht in Gefahr, durch die Vielzahl der Eindrücke innerlich zerfasert zu werden; hier soll ihm der romanische Kreuzgang zu einer stillen Insel der Besinnung und des inneren Friedens werden.

Der romanische Kreuzgang ist ein Stück unserer Heimat und von unseren Vorfahren in Stadt und Landkreis gestaltet worden. Ihr Werk wollen wir durch die Durchführung der Freilichtspiele ehren und weiter pflegen. Die für die Spiele notwendigen Zuschüsse der Stadt und des Kreises fallen gegenüber den sonstigen Aufgaben ernsthaft nicht ins Gewicht. Es ist um die deutsche Zukunft geschehen, wenn die kommunalen Körperschaften, Kreise, Städte und Gemeinden nicht ihre Aufgabe erkennen und es bejahen, auch für die Pflege der deutschen Seele etwas übrig zu haben.

sef Müller, der bayerische Kultusminister Josef Schwalber, Ministerpräsident Alfons Goppel, Justizminister Karl Hillermeier, Staatssekretärin Hildegard Hamm-Brücher, Kultusminister Hans Maier, Kultusminister Hans Zehetmair, Innenminister Günther Beckstein und Ministerpräsident Edmund Stoiber die Kreuzgangspiele. Paul Keim organisierte musikalische Veranstaltungen, begleitende Vorträge und vieles andere mehr. »DIE ZEIT« (Nr. 37 vom 13.9.1968) kommentiert sein Wirken für die Kreuzgangspiele: »Er zeichnet verantwortlich für die 'Gesamtleitung' der sechswöchigen Theatersaison. Praktisch ist der Landrat Intendant.«

Die Gesamtleitung wäre ihm 1967 fast zum Verhäng-

Zwischen ratternden Maschinen und Motoren soll das Vermächtnis und das Erbe des Kreuzgangs zur Gesundung der deutschen Seele beitragen.

Stadt und Landkreis erkennen ihre Aufgabe, sich nicht nur für materielle Dinge einzusetzen, sondern auch für die deutsche Kultur. In Achtung vor der ehrwürdigen Überlieferung des romanischen Kreuzganges und der mit ihm verbundenen geistigen Werte sind sie bereit, die Freilichtspiele auch in Zukunft weiterzuführen.

§ 2 Träger
Träger der Freilichtspiele ist das Volksbildungswerk des Landkreises Feuchtwangen.

§ 3 Kuratorium
Die Leitung der Freilichtspiele liegt in den Händen eines Kuratoriums; diesem gehören an:
1. der Landrat als Vorsitzender
2. der Bürgermeister der Stadt Feuchtwangen
3. der Stellvertreter des Landrates
4. ein Kreisrat
5. ein Stadtrat
6. ein Vertreter des Gewerbevereins Feuchtwangen

Bei Stimmengleichheit entscheidet die Stimme des Vorsitzenden. ... Das Kuratorium beruft einen Theaterausschuß zur Unterstützung und Übernahme der praktischen Durchführung der Spiele. Der Theaterausschuß nimmt in der Regel an den Sitzungen teil und berät das Kuratorium. ...

§ 5 Überschüsse und Fehlbetrag
Überschüsse aus den Spielen fließen zweckgebunden einer Rücklage zu, die zunächst auf 10.000.– DM zu bringen ist.

Ein Fehlbetrag wird aus noch zu erlangenden Zuschüssen von Staat, Bezirksverband, Rundfunk usw. und sodann aus der Rücklage gedeckt. Der verbleibende Rest wird, sofern er nicht in den nächsten zwei Spieljahren eingespielt werden kann, von Stadt und Kreis je zur Hälfte getragen.

Der Landkreis gibt einen jährlichen Zuschuß von 2500.– DM, die Stadt Feuchtwangen gibt einen jährlichen Zuschuß von 5000.– DM. ...

Feuchtwangen, 4.1.1953   gez. Keim, Landrat.

Auch wenn hier in erster Linie noch das Volksbildungswerk als Träger genannt wird, so war es de facto doch der Landkreis. Denn aus rechtlichen Gründen konnte nur eine Gebietskörperschaft (Landkreis) diese Funktion erfüllen, nicht jedoch eine kommunale Einrichtung (Volksbildungswerk). Dies bedeutete, daß die Kreuzgangspiele vom Landkreis rechtlich getragen und wirtschaftlich abgesichert waren. Das wirtschaftliche Risiko lag beim Träger und die Defizite waren angesichts der Wetterabhängigkeit des Freilichttheaters beträchtlich.

Die Leitung der Kreuzgangspiele oblag ab 1953 dem Kuratorium. Dieses Gremium setzte sich aus Mitgliedern des Stadtrates und des Kreisrates zusammen, den Vorsitz führte Landrat Paul Keim. Das Kuratorium entschied über den finanziellen Rahmen der Kreuzgangspiele und war insgesamt für deren geschäftliche Abwicklung zuständig. Es behielt sich ein Mitspracherecht bei der Gestaltung des Spielplans und der Inszenierung vor. 1962 wurde das Kuratorium vom Kreiskulturausschuß abgelöst, der ausschließlich von Kreisräten gebildet wurde und nunmehr die Entscheidungsbefugnis übernahm. Der Vorsitzende war auch hier Paul Keim.

Schon in den ersten Jahren wurde die Gestaltung und Organisation der Kreuzgangspiele zunehmend professioneller und es wurden überwiegend Berufsschauspieler verpflichtet. Die Zahl der Besucher stieg kontinuierlich und die Bekanntheit der Kreuzgangspiele wuchs über die engen Grenzen des Landkreises hinaus. Nach »Was ihr wollt« inszenierte Kindler 1951 »Das große Welttheater« und erhielt wieder äußerst positive Kritiken. 1953 mußte er aus gesundheitlichen Gründen die Intendanz abgeben.

Sein Nachfolger wurde Wilhelm Speidel, der langjährige Intendant der Schwäbisch Haller Freilichtspiele, der vorerst zum letzten Mal ein Ensemble eigens für die Kreuzgangspiele zusammenstellte.

Ab 1954 ging das Kuratorium dazu über, 'feste Bühnen', d.h. das Ensemble eines privaten oder öffentlichen ganzjährigen Theaters unter der künstlerischen

Leitung des jeweiligen Intendanten, für eine Festspielsaison zu verpflichten. So gastierten bis 1974 das Stadttheater Würzburg, das Schauspiel Remscheid, die Lore Bronner-Bühne München, das Südostbayerische Städtetheater Landshut–Passau und das Städtebundtheater Hof in Feuchtwangen. Im Unterschied zur Gastspielpraxis wurde vertraglich festgelegt, daß die zur Aufführung kommenden Stücke für die Kreuzgangspiele neu inszeniert werden mußten und auch nicht an einem anderen Ort gezeigt werden durften.

Die Vorteile dieses Konzepts liegen auf der Hand: da die engagierte Bühne die gesamte Durchführung der Freilichtspiele quasi als »Paket« anbot, in dem die Löhne für das künstlerische und technische Personal ebenso enthalten waren wie die Ausstattung, Tantiemen etc., blieben die Produktionskosten für den Träger überschaubar. Kam in den ersten sechs Jahren jeweils nur ein Stück zur Aufführung, so wurden ab 1955 zwei oder sogar drei Stücke angeboten. Der Intendant hatte für alle Stücke die Regie zu übernehmen. Er war ferner berechtigt, zusätzlich zum eigenen Ensemble bekannte Schauspieler zu engagieren.

Von den Intendanten jener Zeit sei Jochen Hauer erwähnt, der mit dem Ensemble der Lore Bronner-Bühne 1960 »Maria Stuart«, »Der zerbrochene Krug« und »Der Geizige« (mit Heinz Beck als Harpagon) inszenierte, 1961 dann »Romeo und Julia«. Schon Jochen Hauer erkannte die idealen Bedingungen der Feuchtwanger Bühne zur Realisierung der Werke Shakespeares: »Wer öfter große Shakespeare-Dramen inszeniert hat, wird es immer zutiefst bedauern, daß das altenglische Bühnenhaus, für das Shakespeare geschrieben hat, sich gegen die Bühnenlösung des italienischen Barock in Deutschland nicht durchgesetzt hat. Die Einteilung des Stücks in Akte und Szenen stammt leider von Übersetzern des 18. Jahrhunderts, sie ist nirgends von Shakespeare selbst. Und ich möchte betonen, daß ich erst durch die mir neu gestellte Aufgabe der Inszenierung auf der Freilichtbühne so recht erkennen durfte, wie grandios sich bei Shakespeare der Szenenablauf auf der Bühne ohne Unterbrechung durch Umbauten und Verwandlungen ver-

wirklichen läßt. Gerade bei Romeo und Julia wird einem Regisseur klar ... , mit welcher genialen Einfachheit im natürlichen Ablauf Shakespeare für seine Bühne geschrieben hat.« (Programmheft 1961)

Die Reihe der Gastbühnen wurde nur im Jahr 1970 unterbrochen, als der durch Film und Fernsehen bekannte Star Alexander Golling, der 1969 die Hauptrolle im »Wallenstein« gespielt hatte, die Intendanz übernahm und für »Florian Geyer« und »Die lustigen Weiber von Windsor« ein eigenes Ensemble zusammenstellte. Letztere Aufführung wurde vom Bayerischen Fernsehen aufgenommen und gesendet.

1971 konnte Paul Keim seinen »Wunschkandidaten« Klaus Schlette als Intendanten gewinnen, der bereits durch seine unkonventionelle Regiearbeit in Dinkelsbühl aufgefallen war und als Intendant am Südostbayerischen Städtetheater Landshut arbeitete. Schlette gab in Feuchtwangen eine umstrittene Urfaust-Aufführung und Rostands »Cyrano de Bergerac«, nach Keim eine intuitive Entdeckung Schlettes für den Kreuzgang, denn der 5. Akt dieses Stückes spielte in einem Klostergarten. Die Presse kommentierte:

Schaulust kommt nicht zu kurz

Edmond Rostands romantische Komödie 'Cyrano de Bergerac', zur zweiten, heiteren Aufführung dieses Festspielsommers ausgewählt, trifft genau den Publikumsgeschmack und kommt Klaus Schlettes phantasievollem Inszenierungsstil entgegen. Es rührt sich was auf der Bühne des Kreuzganges, der selber freilich nur als Versatzstück neben anderen Bühnenbildbeigaben mitspielen darf. Schlette liebt das Heißajuchhei der degenfesten, schlapphutbedeckten, rauhbauzigen Gascogner Kadetten aus der Zeit, die auch den drei Musketieren ein weiträumiges Betätigungsfeld bot. Er liebt den romantischen Brauch gemäßen Bänkel- und Chorgesang, das Bramarbasieren und das Aufschneiden, die großen Gesten und die kleinen, winzigen Gags, mit denen er diese Inszenierung bereichert und ausschmückt, so, daß mit diesen munteren Schnörkeln aber keineswegs der große Handlungszug überdeckt würde. Im Gegenteil: der opernhafte

Charakter dieser Inszenierung entspricht genau der romantischen Ironie, die Rostand zu präsentieren wünschte, und die in der Geschichte des langnasigen Helden Cyrano und seiner unglücklich-glücklichen Liebe verborgen liegt. Ein Stück zum Lächeln und Schmunzeln, ein Stück auch, das gemütvoll jene Saiten romantischer Besucher anregt, die mit dieser Komödie ein Quentchen Schaulust verbunden wissen wollen. Schlette kommt dieser Schaulust mit üppiger Phantasie entgegen, mit einem Bühnenbild, das sich zuweilen ausnimmt wie ein schwedischer Smörgasbord: 'Bitte bedient euch; es ist alles da, vom Truthahn bis zur Pastete, vom Weißbrot bis zur Artischocke', ein paar dramatische Fechtszenen miteingeschlossen. ... Bleiben eigentlich nur die Darsteller zu nennen, an der Spitze Heiner Stadelmann, ein über die Maßen kraftgenialischer Cyrano, Draufgänger und Dichter, dem die Verse beim Fechten einfallen, ein wahrer Edelmann mit Haltung bis zum Tod, ein Leben lang leidend an einer langen Nase und einer unglücklichen Liebe. ... Der tolldreiste Spaß aus Frankreich wird seine Freunde finden und – vermutlich – immer ein volles Haus machen. Das Premierenpublikum jedenfalls geizte nicht mit lautem, langem Beifall.
(Fränkische Landeszeitung 8.7.1971)

Die 70er Jahre brachten zahlreiche Neuerungen. Für das Publikum wurde eine Tribüne mit neuer Bestuhlung angeschafft, die die 20 Jahre alten Holzbänke ablöste.

1972 wurde die Arbeitsgemeinschaft Deutscher Festspielorte gegründet, der im Gründungsjahr Bad Hersfeld, Feuchtwangen, Bad Gandersheim, Jagsthausen, Wunsiedel und Schwäbisch Hall angehörten, Ettlingen stieß zehn Jahre später dazu. Die wichtigsten Kriterien für die Aufnahme in die Gemeinschaft waren: Festspielstadt seit mindestens fünf Jahren, Engagement von Berufsschauspielern und die Produktion von zwei eigenen Stücken pro Saison (ohne Kinderstück). Bereits vor Gründung der Arbeitsgemeinschaft hatten die Festspielorte ihre Aktivitäten koordiniert, Erfahrungen über die Spielplangestaltung, Finanzpolitik etc. ausgetauscht. Ab 1972 gab man in einer gemeinsamen Werbeaktion einen Faltprospekt mit den Spielplänen aller Festspielorte heraus, der in- und ausländischen

Besuchern einen Überblick darüber geben sollte, was sie auf bundesdeutschen Freilichtbühnen erwartet. 1978 wurde der Festspielpaß kreiert, der einen Preisnachlaß auf die Eintrittskarte bei dem Besuch mehrerer Aufführungen der Arbeitsgemeinschaft gewährte. In jüngster Zeit führt der Erwerb der VIP-Card zu einer Preisermäßigung von 20% an jedem Festspielort.

Einschneidender waren natürlich die Veränderungen, die sich als Folge der Gebietsreform 1972 ergaben. Wie bekannt wurde der Landkreis Feuchtwangen aufgelöst und dem großen Landkreis Ansbach eingegliedert. Dieser übernahm in der Übergangszeit 1972/73 für einige Monate die Rechtsnachfolge als Träger der Kreuzgangspiele. 1973, im 25. Spieljahr, entschloß sich dann die Stadt Feuchtwangen, unter ihrer Trägerschaft die Fortführung der Kreuzgangspiele zu gewährleisten. Bürgermeister Wolf Rüdiger Eckhardt äußerte sich damals: »Der Entschluß war vorgezeichnet – die Verbundenheit mit den Frauen und Männern des Jahres 1949 bestimmte die Entscheidung der Verantwortlichen. ... Wir danken allen, die in dem Jubiläumsjahr die Fortführung der Spiele ermöglichten: dem Land Bayern, dem Bezirk Mittelfranken, dem Bayerischen Rundfunk, der Sparkasse Feuchtwangen, insbesondere aber Herrn Landrat Ehnes, der mit persönlichem Einsatz die Restfinanzierung durch den Landkreis sicherstellte. ... 1973 war es, als in Hamburg eine kleine engagierte Bühne ihr Jubiläum feierte, mit Lob der Regierung, mit Pathos und allen guten Wünschen. 1973 war es, als auf dieser Bühne für immer der Vorhang fiel – aus Geldmangel. Wir wollen daher in aller Bescheidenheit im Äußeren, aber mit berechtigtem Stolz und glanzvollem Spiel in die Jubiläumsspielzeit der Kreuzgangspiele eintreten, dankbar für die Kunst der vergangenen Jahre, in hoffender Erwartung der Zukunft.« (Programmheft 1973, S.9f)

Natürlich barg die Übernahme der Trägerschaft durch die Stadt Feuchtwangen nicht nur eine bedeutende Aufgabe, sondern auch das Risiko der Finanzierungspflicht. Denn obwohl immer eine gewisse Rentabilität des Festspielbetriebs angestrebt war, konnten die Produktionskosten in keinem Jahr eingespielt werden. Das liegt u.a. daran, daß der Kreuzgang nur 585 Besuchern in einer Vorstellung Platz bietet, gegenüber den Luisenburg-Festspielen in Wunsiedel mit 1800 Plätzen oder Bad Hersfeld mit 1630 Sitzen. Selbst bei voller Auslastung der Sitzplätze (und dieses Ziel muß erst einmal erreicht werden!) kann daher nur ein Bruchteil dessen an Einnahmen erzielt werden, was größere Festspielorte einspielen. Da die Höhe der Zuweisungen der öffentlichen Hand immer in Relation zu den Eigenmitteln des kommunalen Trägers steht, wird verständlich, daß dem Haushalt der Kreuzgangspiele schon durch die äußeren Gegebenheiten, die Kapazität, Grenzen gesetzt sind.

Lag der Gesamtetat 1949 noch bei 14.000 DM, so war er 1970 bereits auf 202.000 DM angewachsen und hat derzeit ein Volumen von 1,4 Millionen DM. Den Löwenanteil der Ausgaben bilden die Honorare für Intendanz, Regisseure, Schauspieler und künstlerisches Personal mit 50–60% des Etats. Weitere Kosten fallen an für den Bühnenaufbau und -unterhalt, für Sachausgaben (Kostüme, Requisiten, Versicherungen etc.). Einen größeren Posten bilden die Tantiemezahlungen, d.h. die Beträge, die für die Aufführungsrechte an einen Verlag gezahlt werden müssen. Sie betragen bis zu 15%, beim Musical 18% der Einnahmen aus dem Kartenverkauf dieses Stückes. Zusätzlich entstehen Kosten für Verwaltung und Organisation (anteilige Personalkosten bei Verkehrsamt und Bauhof), für Werbung, für Sanierungsmaßnahmen am Kreuzgang, und für technische Investitionen wie Ton- und Beleuchtungsanlagen.

Die Einnahmen aus den Eintrittsgeldern liegen immerhin bei etwa 50% der Gesamtkosten, eine beachtliche Quote, wenn man die Einspielergebnisse von 18% bei ganzjährigen Theaterbetrieben zum Vergleich heranzieht.

Schon in den ersten Jahren war man auf Zuschüsse angewiesen. Von der Stadt Feuchtwangen, dem Bayerischen Kultusministerium und dem Bezirksverband Mittelfranken erhielt man 1950 insgesamt 2500 DM. 1970 beliefen sich die Zuwendungen der öffentlichen

Hand (Stadt, Bayerisches Kultusministerium, Bezirk, Rundfunk und Sparkasse) auf 40.000 DM, 1997 waren es 320.000 DM (Bayerischer Staat, Landkreis Ansbach, Regierungsbezirk Mittelfranken). Die verbleibende Deckungslücke hatte und hat jeweils der Träger zu begleichen, bis 1972 also der Landkreis Feuchtwangen, heute die Stadt Feuchtwangen (das Restdefizit beträgt immer noch bis zu 20% des Etats).

Das leitende Gremium unter dem Vorsitz von Bürgermeister Wolf Rüdiger Eckhardt war nunmehr der Hauptausschuß der Stadt, er setzte sich vorwiegend aus Stadträten zusammen. Das Kuratorium und Paul Keim waren beratend tätig.

Nach dem plötzlichen Tod Hannes Kepplers 1974, der mit dem Städtebundtheater Hof insgesamt sieben Sommer in Feuchtwangen inszeniert hatte, entschied sich Bürgermeister Eckhardt zusammen mit dem Stadtrat, in Zukunft einen eigenen Intendanten zu verpflichten und ihn mit der Zusammenstellung eines Ensembles speziell für die jeweilige Spielzeit zu beauftragen.

Dieser Beschluß der Stadt stellt sicher die bedeutendste Zäsur in der Geschichte der Kreuzgangspiele dar. Er war sowohl Voraussetzung für das höhere künstlerische Niveau und die Optimierung der Rollenbesetzungen, als auch Ursache der oben erwähnten Kostenexplosion.

Der Grund für diese Entscheidung lag darin, daß einige der früher beauftragten Gastbühnen sich wenig mit den Kreuzgangspielen identifiziert hatten. Es gab gelegentlich Schwierigkeiten mit der Inszenierung, weil sie manchmal nur kurze Zeit (eine Woche) vor der Premiere im Kreuzgang probten.

Ab 1975 übernahmen also kreuzgangeigene Intendanten die künstlerische Leitung in Feuchtwangen, nämlich Karlheinz Komm, Joachim Fontheim, Imo Moszkowicz und Lis Verhoeven. Ihre Verträge wurden für eine Dauer von drei, später fünf Jahren abgeschlossen. Im Unterschied zu den Gastspielleitern inszenierten sie selbst nur eines der beiden Abendstücke und beauftragten für das andere einen zusätzlichen Regisseur.

Premierenempfang 1990, Bürgermeister Wolf Rüdiger Eckhardt mit Roman Frankl, Imo Moszkowicz, Ingrid Steeger und Staatssekretär Dr. Günther Beckstein

Die Besucherzahlen stiegen in diesen Jahren erheblich. Lagen sie vor 1975 noch bei einem langfristigen Mittel von 14.000 Zuschauern jährlich (bei etwa 40 Vorstellungen), so konnte man im folgenden Zeitraum durchschnittlich 28.000 Zuschauer im Jahr (bei ca. 55 Vorstellungen) zählen.

Aus dieser Zeit sind die Stücke »Donna Diana« mit Thekla Carola Wied und »Der Diener zweier Herren« mit Hans Clarin (beides Inszenierungen von Horst Alexander Stelter) in besonders guter Erinnerung, ferner »Mutter Courage und ihre Kinder« und »Der Tod im Apfelbaum« in der Regie von Karlheinz Komm. In der Presse findet sich dazu folgende Stellungnahme:

Großpapa schafft das Sterben ab

Um Leben und Tod geht es in der ersten Premiere der diesjährigen Kreuzgangspiele Feuchtwangen. Und so ist denn dieses Volkstück von Paul Osborn schon thematisch passend für ein Theaterspiel in einem romanischen Kreuzgang, der heute noch die Anlage eines einstigen Benediktinerklosters erkennen läßt ... Der Kern der Geschichte, wie der Tod im Apfelbaum festgehalten wird, ist uralt. In immer neuen Varianten findet man dieses Märchen bei vielen Völkern – die Brüder Grimm überlieferten die Geschichte als 'Der Spielhansl'. In einer Mischung aus realer Familienidylle, in der sentimentale Züge nicht zu kurz kommen, und poesievollem Märchenzauber dramatisierte Paul Osborn die Geschichte. Manches mag einem typisch amerikanisch vorkommen, anderes wieder allgemein-menschlich oder gar philosophisch. 'Der Tod im Apfelbaum' ist aber auf jeden Fall ein Volksstück, das tiefere Probleme in einer leicht verständlichen Form dem Theaterbesucher nahebringt, der sich unterhalten will und gleichzeitig zum Nachdenken angeregt werden soll. Mit wenigen Versatzstücken und ein paar Requisiten hatte Wolfgang Moser den Kreuzgang ausgestattet, ohne die architektonische und die natürliche Kulisse zu verstellen, wobei vor allem die zwei die Szene beherrschenden Bäume des Freilichttheaters in Feuchtwangen diesmal eine entscheidende Rolle spielen. In diesem Milieu inszenierte Karlheinz Komm das Spiel um Leben und Tod in einer schlichten, untheatralisch natürlichen Atmosphäre. Die Schwierigkeit bei der Inszenierung dieses Volkstücks, daß nämlich ein Kind

Es ist unschwer zu beobachten, daß die Intendanten ab 1975 die Kreuzgangspiele in hohem Maße durch ihre eigene Persönlichkeit, durch ihr künstlerisches Konzept prägten.

Karlheinz Komm (Intendant 1975–78) war vor seinem Engagement in Feuchtwangen Chefdramaturg des Stadttheaters Regensburg gewesen und hatte die Naturbühne in Trebgast (in der Bayreuth) geleitet. Sein besonderes Anliegen war die Einführung des Kinderstückes, das seitdem unverzichtbarer Bestandteil des Feuchtwanger Spielplans ist. Komm bearbeitete selber mehrere Märchen der Brüder Grimm für die Bühne und führte bei allen Kinderstücken persönlich Regie. Wie sehr er mit diesen Aufführungen eine Lücke füllte, beweist die Tatsache, daß bereits 1975 vor der Premiere (also noch bevor ein einziges Kinderstück auf der Kreuzgangbühne gegeben wurde!) drei von den insgesamt zwölf Vorstellungen von »Aschenputtel« ausverkauft waren.

eine Hauptrolle spielt, war in Feuchtwangen hervorragend gelöst. Denn der elfjährige Matthias Komm, der Sohn des Regisseurs, spielte den Pud unprätentiös, nicht in der Art eines Filmwunderkindes, sondern geradezu unkompliziert-selbstverständlich, als gälte es nicht Theater zu spielen, sondern einfach der Junge zu sein, mit allen seinen Sorgen, Nöten und Freuden. Ebenso glaubhaft-überzeugend war Hans Schrade als Großpapa, ein handfester, rustikaler, seinen Part direkt spielender, über 70jähriger Künstler, dem man die Spannungen, die die Rolle beherrschen, ohne weiteres abnahm. Das rechte Gegengewicht war Carola Wagner als feinsinnig-feinfühlende Großmama.
(Dieter Schnabel, Generalanzeiger Bonn 6.7.1977)

Joachim Fontheim (Intendant 1979–88) hatte bei Freilichtspielen in Bad Hersfeld und Wunsiedel Regie geführt. Er war von 1966–85 Generalintendant der Vereinigten Städtischen Bühnen Krefeld und Mönchengladbach, was für Feuchtwangen u.a. den Vorteil hatte, gelegentlich aus dem dortigen Fundus schöpfen zu dürfen.

Fontheim setzte sich sehr mit der Kreuzgangbühne und deren Möglichkeiten auseinander. In einem Interview zu Beginn seiner Intendanz (Fränkische Landeszeitung 7.11.1978) äußerte er, daß wir verlernt hätten, mit der Tradition zu leben. Das Ensemble von Kreuzgang und Kirche repräsentiere ihm geistig-kulturelles Leben, Weltanschauung, jahrhundertelange Entwicklung. Für den Kreuzgang besonders geeignet hielt Fontheim deshalb Goethes »Faust«, und auch alle Stücke, die sich mit der durch die Kirche ausgelösten geistigen Entwicklung befassen, wie z.B. Brechts »Leben des Galilei« oder Anouilhs »Jeanne oder die Lerche«.

Besonders bekannt wurde Joachim Fontheim aber mit zehn in Folge gegebenen Shakespeare-Aufführungen, hatte er doch von Anfang an die erklärte Absicht, den Kreuzgang zur Shakespeare-Bühne zu machen. Er begann die Serie der Shakespeare-Inszenierungen mit »Was ihr wollt«, einem Stück, das nach seiner Meinung wie geschaffen war für den Kreuzgang (und aus demselben Grund 1950 von Kindler aufgeführt worden war). Für die Hauptrollen engagierte er Edda Pastor, Herta Staal, Hartmut Reck und Alexander Osteroth. Die Inszenierung folgte denselben Maßgaben, die auch dem elisabethanischen Theater zugrunde lagen. Wenige Dekorationen, Verzicht auf Bühnenaufbauten: die Schauplätze wurden durch die Sprache in der Phantasie der Zuschauer hervorgebracht. Die Poesie der Verse führte das Publikum durch Tages- und Jahreszeiten und durch fernste Länder. »Dies verlangt vom Schauspieler das äußerste an sprachlicher Präzision, Ausdruckskraft, Magie: er muß ja die Vorstellung der Natur erzwingen.« (Programmheft 1980, S.13)

Der folgende Pressespiegel soll einige Schlaglichter auf die Inszenierungen der Ära Fontheim werfen.

Kreuzgang im Geiste Shakespeares

Shakespeares erneuter Auftritt mit der Komödie »Was ihr wollt« im Kreuzgang vollzieht sich mit einer plötzlichen, überfallartigen Ausgelassenheit, mit Thespiskarren, Musik und übermütigem Durcheinandersprechen der Protagonisten, die aus den Kreuzgangbögen hervorbrechen und das Publikum sofort requirieren. So ähnlich mag des großen Dichters Schauspieltruppe einst überall, wo sie auftauchte, ihre Zuschauer fasziniert haben ... Shakespeares gedankenvolle Absicht, die menschliche Existenz und das, was man Liebe nennt, mit allen doppelbödigen Erscheinungen, Verzweiflung und Beglückung, Boshaftigkeit und Schadenfreude, wird gewiß in dieser Inszenierung deutlich, auch wenn die Regie nicht eine 'moderne' Deutung gesucht hat. Die Sprache Shakespeares blitzt und funkelt, wird sogar zum Schluß einmal im Original lebendig, Musik umspielt die Szenerie dieser barocken, romantischen Premiere, in der Trauer und Melancholie zusammen mit burleskem Schwung und Übermut jene seltsame Mischung eingehen, der gerade diese Komödie ihren Ruf verdankt... Und es gibt bezaubernd dichte Szenen zwischen der Schlüsselfigur Cesario/Viola, deren Anmut Orsino wie Olivia in gleicher Weise so beglückt, daß ihr verzweifelter Ruf aus den Tiefen der Bühne in der Tat ans Herz dringt. Viola, Orsino, Olivia, dieses Terzett ist im Kreuzgang Mittelpunkt des Geschehens, wenn auch das andere Dreigespann Tobias von Rülp, Junker Bleichenwang und Narr in der zweiten, unteren Ebene des Stücks gewissermaßen, gelegentlich die Bühne beherrscht...

Großer Auftritt für Hartmut Reck als Malvolio, eine ausgezeichnete Interpretation dieser Rolle durch einen bemerkenswerten Darsteller, dessen Qualität in der Briefszene zum Beispiel großartig zum Ausdruck kommt. Aus der langen Reihe der Darsteller seien Gerhard Ernst als brutal erscheinender, Falstaff nachempfundener Junker Tobias, Friedrich Schwartmann in der Rolle des Junker Bleichenwang, eine ganz vorzügliche Darstellung, genannt. Hervorragend Herta Martin als Narr, quirlig und mundfertig, vielschichtig und nachdenklich in der Ausprägung dieser wichtigen Aufgabe... Blumen gab es für die Damen und viel viel Beifall für alle, Joachim Fontheim eingeschlossen.
(Fränkische Landeszeitung, 25.6.1979)

Totales Schauerlebnis im Kreuzgang

Enthusiastischer Beifall und Bravo-Rufe am Ende einer Premiere, wie sie der Kreuzgang selten erlebt hat. Sie galten einem hippologischen Theater-Abenteuer, auf das sich Intendant Joachim Fontheim eingelassen hatte, und das dank einer ideal besetzten Hauptrolle und mancher anderer Umstände zu einem Triumph für alle Beteiligten wurde, die dieses Musical mit dem ganz nüchternen Titel »Geschichte eines Pferdes« in den Kreuzgang gestellt hatten. Gewiß, er hat mit dem Stück nichts zu tun, er stört aber auch nicht, sondern bietet, dank der humanen Parallelen, die das erzählte Pferdeschicksal des Wallachs Leinwandmesser gelegentlich aufleuchten läßt, den sinnvollen Rahmen.

Die Faszination dieses totalen Schauvergnügens, das die Zuschauer tatsächlich keine Sekunde aus den Spannung entläßt, beruht auf der Schlichtheit und Natürlichkeit, mit der die russischen Autoren M. Rosowskij, J. Rjaschenszjew und S.Wetkin eine Erzählung Tolstois in dramatische Szenen umgestaltet haben. Nichts Sentimentales, das diese Pferdeorgie aus Musik, Sprache, Pantomime (Prof. Günter Titt), Sprechgesang und Bewegung in der Regie Fontheims etwa begleitete, die mit ganz wenig Beigaben auskommt: ein Faß, aus dem Leinwandmesser genüßlich schlürfen kann, ein paar Pflöcke und Seile als Koppeln für die Herde und flatternde Pferdeschwänze als Attribut. Schnaubend und stampfend gebärden sich ein Dutzend Darsteller immer in Bewegung und füllen stirnbandgeschmückt und in graubeiger Montur als Sprechchor und als singender Chor die Bühne, beziehen den Zuschauerraum mit ein und tänzeln nach Paul Linckes Glühwürmchenserenade. Das alles umrankt und umrahmt die bewegende Geschichte des Wallachs Leinwandmesser, in Ichform berichtet und aus der Optik seiner Besitzer erzählt.

Sehnsucht und Zärtlichkeit, Poesie allenthalben in den Liedern, in den Texten Schmerzvolles, behutsam aus dem grellen Licht abgedeckt und kaschiert, Schönheit der Bewegungen in den pantomimisch dargestellten Kutschfahrten und immer wieder Karl-Heinz Martell. Der überragende Darsteller des Leinwandmessers verwirklicht diese Rolle mit imponierender Geradlinigkeit in der Sprache, Bewegung, Gestik, einfühlsam und stolz, anmutig und durchsichtig, mit einem Ernst, hinter dem auch gelegentlich Humor hervorlugt, anrührend und Betroffenheit bewirkend in seiner Anklage gegen den Menschen, an deren Schicksal er gekettet ist, am Ende, wenn sich die Zeit rundet, zugrunde geht. Diese darstellerische und physische Sonderleistung ist immer Mittelpunkt des Geschehens, bezieht aber die weiteren Rollen mühelos mit ein in das Spannungsfeld, das sich der Zuschauer bemächtigt, wenn Martell mit halbgeschlossenen Augen sehnsuchtsvoll und leidgeprüft seinen Schmerz hinausschreit. Neben ihm und hervorragend eingesetzt und disponiert Ellen Schwiers in drei Aufgaben als Stute Wjasopuricha, Mathieu und Marie, Gunter Malzacher als eleganter und später brüchig gealterter Fürst Serpuchowskoj, Alexander Osteroth als Hengst Milij, Offizier und Bobrinskij, stattlich, elegant und hochnäsig, H.J. Leuthen in der Rolle des Feofan temperamentvoll, und als Fritz, Manfred Kothe als General, Raimund Binder und Peter K. Hoffmann in kleineren Aufgaben. Sie alle führen diese Aufführung zu einer Geschlossenheit, die von der ersten bis zur letzten Szene gefangen hält und sehenswert ist für jedermann, auch wenn er sonst nichts mit Pferden zu tun hat. Theater wird hier, zumal bei idealem Premierenwetter, zum großen nachwirkenden Erlebnis.
(Fränkische Landeszeitung 4.7.1981)

Imo Moszkowicz (Intendant 1989–93) begann seine Theaterlaufbahn bei Gustav Gründgens und war später Regieassistent bei Fritz Kortner am Schillertheater in Berlin. Nach mehreren Jahren in Santiago de Chile und Buenos Aires arbeitete Moszkowicz als freier Regisseur an nahezu allen größeren deutschen Bühnen, auch in den Bereichen Oper und Musical. Daneben produzierte er Spielfilme und wurde zu Gastprofessuren am Salzburger Mozarteum und am Wiener Max Reinhardt Seminar geladen.

Beim traditionellen Empfang der Schauspieler durch den Bürgermeister und den Intendanten 1989 bekannte Imo Moszkowicz freimütig: »Unser Beruf ist ein Traumberuf – natürlich auch manchmal ein Alptraum« (Fränkische Landeszeitung 19.5.1989). Wenig später erhob er die Traumthematik zum Leitmotiv seiner zukünftigen Arbeit: die uralte Frage des Menschen nach Traum und Wirklichkeit sollte die Konturen des Spielplans bestimmen. Schlüsselszenen im »Prinz von Homburg« 1989 wurden diesem Konzept untergeordnet. Die Inszenierungen »Das Leben ist Traum« 1990, »Die Träume von Schale und Kern« 1992 und »Sommernachtstraum« 1993 variierten das Traummotiv auf jeweils eigene Art und Weise.

Ebenfalls zu Beginn seiner Intendanz kündigte Moszkowicz die Aufführung eines Musicals an und realisierte 1990 »Küß mich, Kätchen« (mit April Hailer, Roman Frankl, Ingrid Steeger), die musikalische Adaption von Shakespeares »Der Widerspenstigen Zähmung«. »Sie ist nicht mehr und nicht weniger als eine humorige Verbeugung vor dem Altmeister SHAKESPEARE« (Moszkowicz im Programmheft 1990). Eher leise Töne schlug Moszkowicz mit der Inszenierung von Anouilhs »Becket oder die Ehre Gottes« an, von der Presse folgendermaßen kommentiert:

Zeitlose Charaktere

Als sich der König und sein Erzbischof immer weiter voneinander entfernen, wird es dunkel und kühl im Kreuzgang. So will es die schlichte Dramaturgie der Sommernacht. Sie war schon immer so und hat eigentlich nichts mit dem Theater zu tun ... Nur: in diesem Fall, bei Jean Anouilhs Becket oder die Ehre Gottes, geht sie einher mit dem Schauspiel selbst. Denn das Drama wird kälter und dunkler, bis daß es endlich in der Versöh-

nungsszene auf dem eisigen Blachfeld gipfelt. Windig ist es dort, so will es der Autor. Und wie auf Geheiß raschelt denn auch ein Lüftchen mit den Blättern der Kreuzgang-Bäumchen. Vom Band schallt unterdessen Sturmgeheul, das so klingt, als müßten Mönche in der Hölle Gregorianischen Gesang üben. Spielort, Schauspiel und Aufführung verschmelzen zur Einheit, als könnte es nicht anders sein – ein Theater-Wunder von vielen.

Ein anderes, das zu schön ist, um es zu verschweigen, ereignet sich am Ende des dritten Aktes. Im Dunkel seiner Klosterzelle kniet Thomas Becket und spricht seinen großen Monolog, von Anouilh als Gebet getarnt. Nur ein Lichtstrahl fällt in den imaginären Raum, modelliert das Gesicht des Betenden und umspielt sein Holzkreuz – ein exquisites Andachtsbild. Ein kleiner Windstoß allerdings bringt Unordnung in das perfekte Arrangement: Der weiße Vorhang bauscht sich, legt sich sanft, wie beschützend auf Beckets Schulter und versperrt gleichzeitig die Lichtquelle. Beckets Gestalt wird zum Schattenriß und der Vorhang leuchtet wie von innen: der Erzbischof und Märtyrer *in spe*, eingehüllt in eine Gloriole. Ein Zufall nur, aber er wird durch das Spiel selbst ins Bedeutsame überhöht. Ins Zeitlose, Allgemeingültige wendet sich das Spiel dank Imo Moszkowicz' Regie ...

Austatter Bert Schifferdecker hat dafür eine mit wenigen Versatzstücken ungemein wandelbare Spielflächen gebaut. In der Andeutung, der Verknappung liegt die Poesie dieser Aufführung. Und wie steht es mit den Spielern? Denn sie und nicht etwa eine ausgeklügelt-provokante Regiekonzeption machen die Inszenierung interessant – sie haben es nicht leicht. Anouilhs Stück hat viele Seiten und viele Farben und fordert daher auch in den kleinsten Nebenrollen präzise Charakter-Typen. In Moszkowicz' Ensemble sind alle vorhanden: die wächsern-bleiche Gwendoline der Brigitte Prochazka, der kleine Mönch des Bernd Weigend, der vor Abscheu seine Worte nur herausspucken kann, der effeminierte König Ludwig des Ulrich Huber oder auch der Bischof von London, den Jan Burdinski als steifen, kalt lächelnden Verweser kirchlicher Macht portraitiert. Ungleich schwieriger ist Christoph Schobesbergers Part: Thomas Becket, im Stück eine schillernde Figur, ein Mann, der sich hinter dem Eispanzer des Intellekts verbirgt, der scheinbar Ästhetik über Moral stellt und dann doch mitfühlend zu handeln weiß. Die kühle ironische Distanz Beckets

zeigt uns Schobesberger nur andeutungsweise, er führt uns den Mensch hinter der Maske vor, läßt Thomas' Gefühle erahnen, seine Ergriffenheit. ... Alfred Bosshardt stellt einen König von England auf die Bühne, der seinesgleichen sucht. Voll prallen Lebens, Kumpel, Ekel, Kind und erbärmlicher Vater, ein Flegel und ein leidender Freund. Wie aus Liebe Haß wird und doch eigentlich Liebe bleibt. Er zeigt es.
(Thomas Wirth, Fränkische Landeszeitung 22.6.1992)

Lis Verhoeven (Intendantin seit 1994) durch ihren Vater, den bekannten Schauspieler und Regisseur Paul Verhoeven, von Kindesbeinen an mit dem Theater vertraut, spielte an renommierten deutschsprachigen Bühnen, an den Münchner Kammerspielen, am Thaliatheater Hamburg, am Burgtheater Wien u.a. Ihre Liebe gilt dem Freilichttheater; 24 Jahre wirkte sie in Schwäbisch Hall als Schauspielerin und Regisseurin. Die intensive Freilichterfahrung war ausschlaggebend für ihre Berufung als Intendantin. Durch ihre sensible Spielplangestaltung und überzeugende Regiearbeit gelang es Lis Verhoeven, alle Besucherrekorde ihrer (männlichen) Vorgänger im Amt zu brechen und eine Auslastung von 94% zu erzielen. 1997 verlieh Kultusminister Hans Zehetmair Lis Verhoeven die Madaille »Pro Meritis« für ihre besonderen Verdienste um Kunst und Kultur. Über die Leitgedanken ihrer Arbeit äußert sich Lis Verhoeven in einem eigenen Beitrag.

Das von Moszkowicz im Kreuzgang eingeführte Genre Musical bereicherte Lis Verhoeven mit den erfolgreichen Darbietungen von »Die Dreigroschenoper« (mit Joachim Nimtz, Eva Schocke, Liane Hielscher) und »Der König und ich« (mit Sabine Schwarzlose und Erwin Windegger). Sehr positive Resonanz fand u.a. ihre Inszenierung von Dürrenmatts »Der Besuch der alten Dame«:

Die Macht des Geldes und die Moral

Am Ende leuchtet er wieder in satter roter Farbe auf, der Schriftzug mit dem Namen des Städtchens, in dem Ungeheuerliches vorgefallen ist: Güllen. Jetzt, am Schlußpunkt eines tragischen Geschehens, hat der Name wie-

der alle Kraft zu leuchten, verspricht die Zukunft doch wieder prosperierenden Wohlstand – jedoch der Preis für die wundersame Errettung aus bitterer Armut ist hoch. Die drei bekannten nichts sehenden, nichts sagenden und nichts hörenden Affen sitzen noch vor Beginn der Veranstaltung auf der nassen Bühne des an diesem Abend regendurchtränkten Kreuzgangs – Affen in Menschengestalt, Schauspieler, die als Güllener Bürger gleich danach in scharfem Tempo und knapper Phrasierung ihre Stadt, eine Stadt des Verfalls, vorstellen: So eröffnet Lis Verhoeven ihre Inszenierung von Friedrich Dürrenmatts tragischer Komödie 'Der Besuch der alten Dame'.

Die schwerreiche Claire Zachanassian kehrt nach über vierzig Jahren in ihre Heimatstadt Güllen, die völlig heruntergewirtschaftet und durch bittere Armut ausgezehrt ist, zurück, um den Honoratioren der Stadt (oder denen, die sich dafür halten) einen haarsträubenden Deal vorzuschlagen – für eine Milliarde sollen sie den Krämer Alfred Ill töten, die ehemalige große Liebe Claires, der sie vor vierzig Jahren geschwängert und dann sitzengelassen hat. Moralische Geschichten sind üblicherweise die ideale Plattform für spannendes Schauspieler-Theater, und auch in Verhoevens Inszenierung sind die Darsteller eine absolut verläßliche Bank: Kyra Mladek, verbittert, verhärmt und rachsüchtig, ist tatsächlich die antike Rachegöttin, als die sie im Dialog einmal erwähnt wird – eine bösartige Alte, deren Vergeltungsgedanken in vierzig Jahren zur fixen Idee wurden. Mladek stattet ihre Figur mit einem perfiden Zynismus aus, mit einer eiskalten Boshaftigkeit, die frösteln macht: Dieser Frau hat das Leben so viele Wunden geschlagen, daß sie nun selbst wie eine Furie Wunden schlagen will; diese Frau gestattet sich keine Sentimentalitäten, alles an ihr ist pure Berechnung.

Großartig auch Friedhelm Ptok, der die Wandlung des Krämers Alfred Ill vom etwas einfach strukturierten, großspurigen, oberflächlich-lauten Maulhelden zum nachdenklich-introvertierten Todeskandidaten so nachvollziehbar wie beklemmend rüberbringt. Im Gegensatz zur eher eindimensional angelegten Rolle der Millionärin muß Alfred Ill im Lauf der Handlung durch ein wahres Wechselbad der Gefühle gehen, macht Veränderungen durch, die von jovialer Unbedarftheit über blankes Entsetzen bis hin zu stiller Reue gehen, heftigste Gemütsschwankungen also, die Ptok gleichermaßen spannend wie überzeugend interpretiert.

Auch die Nebenrollen sind trefflich besetzt: Martin Kayssler gibt einen kongenialen Bürgermeister ab, mit allen Anzeichen einer Bedeutung beanspruchenden Persönlichkeit, die sich der (vermeintlichen) Wichtigkeit ihres Amtes voll und ganz bewußt ist und die die rhetorische Polit-Phraseologie vorzüglich beherrscht. Und dann Dirk Bender: Wie er dem Humanitas predigenden, sehr von seinen Ansichten überzeugten Lehrer Konturen verleiht, ist ein kleines Kabinettstück; erst groß aufsprechend, dann winselnd, larmoyant und am Schluß ein flammendes Fanal zur Gewissensberuhigung haltend – alles ist dran und drin an und in dieser Rolle, und wie Bender sie spielt, das hat Klasse.
(Manfred Koch, Fränkische Landeszeitung 24.6.96)

Die Spielplangestaltung der vergangenen Jahrzehnte weist gewisse zeitbedingte Wandlungen auf. In den 50er Jahren gab man auf Wunsch Paul Keims die in der Tradition der Mysterienspiele stehenden Stücke »Das große Welttheater« und »Jedermann« von Hofmannsthal, dann Lauckners »Hiob« und Hausmanns »Der dunkle Reigen«, weil sie dem sakralen Ambiente des Kreuzgangs besonders gut entsprachen. Stücke mit in weiterem Sinne metaphysisch geprägtem Inhalt wie Osborns »Tod im Apfelbaum« und Calderóns »Das Leben ist Traum« finden sich heute nur vereinzelt im Spielplan. Dagegen zeigt sich seit Beginn der Kreuzgangspiele ein deutlicher Überhang an Klassikern der Weltliteratur, mit Darbietungen der Werke von Shakespeare, Goethe, Schiller, Lessing und Kleist, mit den Komödien Molières, Goldonis und Nestroys. Seit den 70er Jahren wurden verstärkt Dramatiker der 20. Jahrhunderts gespielt, Bert Brecht, Max Frisch, Paul Osborn, Colin Higgins, Jean Anouilh, Mark Rosowskij, Friedrich Dürrenmatt und Lion Feuchtwanger (der seinen Namen seinen Feuchtwanger Ahnen verdankt). Insgesamt spiegelt diese Konzeption die Absicht der Theaterleitung, Weltliteratur einem breiten Publikum zu vermitteln, Schwellenängste abzubauen, niveauvoll zu unterhalten. Wolf Rüdiger Eckhardt präzisiert: »Gewiß taugt das Sommertheater nicht zum Tyrannensturz. Regentenbeschimpfungen vom tarifvertraglich eingebundenen, hoch subventionierten Staatstheater aus ist hauptstädtische Gegenwartsbewältigung. Aber intellektuelles oder auch nur emotionales Theatervergnügen unter freiem Himmel wollen wir zur deutschen Theaterkrise gerne beitragen ... Wir spielen, weil es Ihnen gefällt.« (Programmheft 1986, S.5)

Man fragt sich zu Recht, aus welchem Grund der Kreuzgang, bei aller Unterschiedlichkeit der Stücke, der Spielzeit und des Spielortes, immer wieder als optimale Kulisse geschätzt und gepriesen wird. Ich möchte hier zwei Aspekte nennen, die die Inszenierung in entscheidender Weise bestimmen: der romanische Kreuzgang hat historischen Verweischarakter, er repräsentiert ganz zwanglos den historischen Hintergrund, jedoch ohne sich auf ein bestimmtes Jahrhundert festlegen zu lassen. Diese historische »Neutralität« beobachtet man parallel in der Geschichte der Architektur. Romanische Architekturen wurden häufig in Umbauten jüngerer Zeit integriert, weil sie zur Legitimation politischer Ansprüche taugten, weil sie augenfällig bezeugen konnten, daß z.B. ein barockes Kloster seine Gründung Karl dem Großen verdankt, oder daß es im 10. oder 12. Jahrhundert gestiftet wurde oder im 13. Jahrhundert kaiserliche Privilegien erhielt. Diese Eigenschaft der romanischen Architektur, historisch zu sein, ohne sich auf ein Datum fixieren zu lassen, bewirkt, daß der Kreuzgang in jedem Fall die authentische Kulisse darstellt, egal ob »Becket oder die Ehre Gottes«, »Die Jungfrau von Orleans«, »Florian Geyer«, »Cyrano de Bergerac«, »Hexenjagd« oder »Maria Stuart« gegeben wird, egal welche »Zeit der Handlung« der Spielplan nennt.

Sofern das Stück selbst keinen besonderen historischen Rahmen verlangt, wird ein anderer Aspekt wichtig. Die Reihung der zierlichen Arkaden bildet dann einen eher ornamentalen Hintergrund, der sich dem Spielgeschehen unterordnet und auf rein optische Weise bereichert. Die ornamentale Struktur des Kreuzgangs wußte man z.B. 1951 in »Das große Welttheater« sinnvoll zu nutzen und stellte die Engel in die Arkadenbögen wie in Figurennischen hinein. Der romanische Kreuzgangflügel ist in jedem Fall die bessere Kulisse, daher wurde praktisch immer auf groß dimensionierte, die Arkaden verdeckende Bühnenbilder verzichtet.

Vielfalt der Möglichkeiten. Was heute noch latent im Kreuzgang schlummert, werden zukünftige Regisseure realisieren. Und es bleibt nur zu betonen, was die Besucher der Kreuzgangspiele längst wissen: gutes Theater kennt keine Sommerpause, jedenfalls nicht in Feuchtwangen.

Quellen und Literatur:

Briefwechsel Schäfer – Kindler im Nachlaß Otto Schäfer, Feuchtwangen.

Briefwechsel und Diverses, Nachlaß Paul Keim, Feuchtwangen.

Programmhefte der Kreuzgangspiele Feuchtwangen 1949–97, hrsg. vom Volksbildungswerk des Landkreises Feuchtwangen (1949–61), vom Landkreis Feuchtwangen (1962–72), von der Stadt Feuchtwangen (1973–97).

Gesammelte Zeitungsberichte 1949–97, Stadtarchiv Feuchtwangen und Verkehrsamt Feuchtwangen.

Jutta Kistner, Dokumentation der Kreuzgangspiele in Feuchtwangen – Der Festspielbetrieb unter besonderer Berücksichtigung seiner 'Symbiose' mit dem Tourismus; Unveröffentlichte Magisterarbeit Erlangen 1995.

Lis Verhoeven

Sommernachtstheater:
Kreuzgangspiele Feuchtwangen

Feuchtwangen nimmt unter den renommierten deut-schen Festspielorten einen besonderen Platz ein. Der romanische Kreuzgang eines alten Benediktiner-klosters verwandelt sich mit seiner Bühne in ein fast intim anmutendes Kammertheater. Leise, sensible Töne sind hier möglich, ein Vorzug, den die Schau-spieler und auch die Zuschauer zu schätzen lernten. Der Mittelbogen mit seiner schweren Eichentür wird von zwei uralten Corneliuskirschbäumen flankiert, deren gewundene Stämme sich wie Säulen ausneh-men. Diese beiden denkmalgeschützten Bäume und die zwei Eiben rechts und links der Bühnenfläche müssen sich an jeden Spielort anpassen, sie stehen in jeder »Dekoration« und erschaffen die für den Kreuz-gang typische Atmosphäre. Zu beiden Seiten Fach-werkhäuser – hinter den Bögen aufragend die Stifts-kirche mit ihrem beeindruckenden Glockenturm; ent-weder bietet dieses Ensemble den idealen Hintergrund für ein Theaterstück, oder es steht in einer aufregen-den Spannung dazu.

Zum 50. Mal hört man hier in diesem Sommer Schau-spielerstimmen, seit Otto Kindler 1949 die GRET-CHENTRAGÖDIE aus Goethes Faust in Szene setzte. Und seitdem erobert sich das Theater Sommer für Sommer diesen stimmungsvollen Spielort. Die Anzahl der Vorstellungen stieg von Jahr zu Jahr, immer mehr Theaterfreunde fanden sich ein; die Aufführungen wurden professioneller: die Kreuzgangspiele wurden zu einer Institution. Die Intimität der Spielstätte hat natürlich ihren Preis, lediglich 585 Zuschauer finden auf der Tribüne Platz. Das ist wesentlich weniger als in anderen Freilichttheatern: also spielen wir eine gro-ße Anzahl an Vorstellungen, 84–86 in einer Saison. Da viele der Schauspieler in zwei, manche sogar in drei

Stücken Rollen verkörpern, wird so ein Festspielsommer für sie zu einer arbeitsintensiven Zeit. Die leichtfertige Vorstellung von »Sommerferien mit ein bißchen Theaterspielen« trifft hier ganz und gar nicht zu. Aber da es sich um eine lustvolle Arbeit handelt und die Schauspieler ihren Beruf lieben, so werden diese drei Monate in Feuchtwangen zu einer erlebnisreichen, erfüllten Zeit. Und die kontinuierlich steigenden Zuschauerzahlen sind eine wohltuende Bestätigung.

Ja, unsere Zuschauer! Sie verdienen es, daß man näher auf sie eingeht. Es sind keine Abonennten – nein, sie sind erfüllt von dem Wunsch, gerade dieses Stück, diese Aufführung zu sehen. Oft entscheiden sie sich schon Monate im voraus für dieses Theatererlebnis. Hier gibt es keine Schwellenangst und keinen Kleiderzwang, neugierig suchen sie das Abenteuer, das Erlebnis eines Theaterabends. Die Ungewißheit – Werden wir Glück haben mit dem Wetter? Wie wird die Temperatur sein? – bringt eine zusätzliche Spannung ins Spiel. Mit Wolldecken bepackt, mit Kissen unter dem Arm, auf alle Eventualitäten vorbereitet, stürzen sie sich in das Abenteuer unter freiem Himmel. Ich bewundere diesen Enthusiasmus! Gott sei Dank werden sie meistens dafür belohnt. Viele der Abende sind mild, ein dunkelblau leuchtender Himmel wölbt sich über der Szene und der Duft des Sommers liegt in der Luft. – Und in dieser Atmosphäre – in diesem unverwechselbaren Ambiente wird eine gute Aufführung, ein gelungener Theaterabend zum unvergeßlichen Erlebnis.

Sollte jedoch, vor oder während einer Vorstellung, ein starker Regenguß das Weiterspiel unmöglich machen, wird auf der Bühne der benachbarten Stadthalle KASTEN der Abend weitergeführt. Diese Möglichkeit, daß eine Kreuzgangvorstellung ohne den Kreuzgang stattfinden muß, erfordert zusätzliche Proben und – das ist für mich entscheidend – hervorragende Kostüme. In den vergangenen fünf Jahren hat sich diese Überlegung bewährt. Natürlich spielen wir so lange wie möglich weiter im Kreuzgang. Es nieselte auf die vergiftete JULIA auf ihrem Sarkophag; schwer von Regennässe hing MINNA VON BARNHELMs Kleid

an ihrem fröstelnden Körper – aus ihren Locken spritzten die Regentropfen, – aber eine treue Zuschauergemeinde, in Regenumhänge gehüllt, folgte dem Spiel in einer Art schicksalhafter Verbundenheit. Und am Ende: gegenseitiger Applaus! Freilichttheater haben eben ein ganz besonderes Publikum. Die Schauspielerin Inge Meysel, die 1980 die Maude in HAROLD UND MAUDE spielte, konnte in jenem verregneten Sommer nicht in die Stadthalle ausweichen, diese Möglichkeit gab es noch nicht. Sie spielte heroisch mit schwerer Angina ihre Vorstellungen, um ihr Publikum nicht durch eine Absage zu enttäuschen.

Viele der Zuschauer planen den Theaterbesuch als Erlebnis auf einer Ferienreise ein, für manche ist es das erste Theatererlebnis, vor allem aber haben wir uns ein treues Stammpublikum erobert. Wie sonst könnten Mitte März bereits die Hälfte aller Plätze vergeben sein? Es hat Konsequenzen für den Spielplan, die Erwartungen dieses Publikums zu erfüllen. Unbekannte Stücke, experimentelles Theater oder schockierende Inszenierungen kann ich hier in Feuchtwangen nicht bringen, aber mutige, moderne Interpretationen bekannter Stücke mit erstklassigen Schauspielern zu zeigen, den aktuellen Zeitbezug herauszukristallisieren, das halte ich für meine Pflicht als Theatermacher. Mein Spielplan stützt sich auf zwei Abendstücke – ein ernstes Werk und eines, das die Probleme des Lebens mit einem lachenden Auge betrachtet, z.B. eine klassische Komödie wie MINNA VON BARNHELM oder ein Stück mit Musik; da lege ich besonderen Wert auf Originalmusik (Microports eignen sich nicht für den Kreuzgang). Unser musikalischer Leiter Christoph Weinhart, der meine Arbeit kreativ und hochmotiviert begleitet, bürgt mir für die musikalische Qualität einer Aufführung der DREIGROSCHENOPER oder des Musicals DER KÖNIG UND ICH, für die ich mich wegen ihres politischen Inhalts entschieden habe, in diesem Sommer für die vorrevolutionäre Komödie DER TOLLE TAG von Beaumarchais. Für sogenannte »leichte Kost«, z.B. Schwänke wollte ich mich bis jetzt nicht entscheiden. Ob es sich um einen Klassiker, einen »modernen« Klassiker oder ein zeitgenössisches Stück handelt, mich interessiert immer das menschliche Problem, die aktuelle Fragestellung. Auch strebe ich eine gemeinsame »Botschaft« der beiden Stücke an: in diesem Sommer verbindet Millers HEXENJAGD mit Beaumarchais' DER TOLLE TAG das Problem der ehelichen Treue – die Ehe, die sich trotz Verführung und Betrug als starke Kraft erweist. (Übrigens wurden beide Autoren wegen dieser Stücke politisch verfolgt, Beaumarchais ins Gefängnis geworfen und DER TOLLE TAG erst nach dreijährigem Verbot uraufgeführt; Arthur Miller war wegen seiner HEXENJAGD politischen Pressionen ausgesetzt, sein Paß wurde eingezogen, so konnte er der europäischen Erstaufführung nicht beiwohnen.) Diese Beispiele sollen nur erläutern, von welchen Überlegungen ich mich leiten lasse.

Das Kinderstück hat sich in Feuchtwangen einen Spitzenplatz erobert: wir spielen über 50 Kindervorstellungen, zwei davon abends. Und da sehe ich zu meiner großen Freude viele erwachsene Zuschauer … Auch hier wähle ich ganz bewußt ein Werk aus, das ich bei den Kindern als bekannt voraussetzen kann. Bei Kindern, und nicht nur bei ihnen, ist das Wiedererkennen von Bekanntem, schon Gehörtem, die größte Freude. Und das war mein erster Eindruck von Feuchtwangen, ein Jahr vor meiner ersten Spielzeit: fast 600 Kinder mit ihren Lehrern auf dem Marktplatz, lachend und schwatzend, voller Vorfreude, wie sie in 2er Reihen darauf warteten, in den Kreuzgang geschleust zu werden. Soviel Lebendigkeit, soviel Aufregung! Und das wiederholt sich nun fast täglich während der Spielzeit. Ich meine, für unser zukünftiges Publikum darf uns nichts gut genug sein! Bei schlechtem Wetter allerdings hat unser technischer Leiter, Herr Lechner, seine liebe Not, das quirlige, junge Publikum in der Stadthalle unterzubringen. Aber die Kinder vergessen den Streß sofort, wenn sich MOGLI mit BALU einen Boxkampf liefert, oder ALADDIN den GEIST DER LAMPE erscheinen läßt.

Von meinem ersten Jahr an setzte ich meinen Ehrgeiz daran, das sogenannte Hauptprogramm durch ein Rahmenprogramm abzurunden. Ich las mit Dirk Galuba die LOVE LETTERS im Sängermuseum, Senta Bergers Lesung DIE LIEBE IST EINE HIMMELSMACHT war im Kasten ein voller Erfolg. So wurde die DREIGROSCHENOPER von einem DREIGROSCHENABEND begleitet und ROMEO UND JULIA von Katrin Ackermanns SCHLAG NACH BEI SHAKESPEARE & CO. Die MINNA VON BARNHELM inspirierte uns zu einer Matinee: DEUTSCHE LIEDER UND BALLADEN und so weiter …

Im kommenden Sommer denken wir an Mozart, an seine Musik für FIGAROS HOCHZEIT mit Arien und Musik aus dieser Oper. Jörg Hube wird aus Mozarts Briefwechsel mit seinem Vater Leopold lesen. Mit diesem Rahmenprogramm konnten wir immer mehr Interesse erregen. Ich hoffe, daß sich das noch ausbauen läßt.

Als ich vor fünf Jahren meine Aufgabe als Intendantin der Kreuzgangspiele übernahm, wollte ich als Frau dieser Aufgabe mit weiblichem Führungsstil gerecht werden. Ich habe mir vorgenommen, dieses Theater nicht autoritär zu leiten, so wie ich es oft selbst erlebt hatte, sondern ein Ensemble zu bilden, und das in jedem Sommer von neuem, das eine Arbeitsgemeinschaft eigenverantwortlicher Menschen ist, in der jeder an seinem Platz sein Bestes gibt. Jeder soll sich für das Ganze verantwortlich fühlen, so daß ein gegenseitiges Geben und Nehmen stattfindet. Ich dachte an ein Ensemble, in dem die starken Einzelleistungen wie in einem Uhrwerk ineinandergreifen. Es war mir wichtig, in einem Klima der Harmonie und des gegenseitigen Respekts zu arbeiten.

Dieses Ensemble, die optimale Besetzung zu finden und für Feuchtwangen zu gewinnen, ist die Hauptaufgabe zwischen den Spielzeiten. Viele der Schauspieler kenne ich aus meinen vielen Jahren als Schauspielerin; mit manchen Kollegen habe ich erfolgreich bei meinen Inszenierungen zusammengearbeitet; auch einige meiner Schauspielschüler kann ich hier beschäftigen – aber zusätzlich bin ich ständig auf der Jagd nach guten, nach hervorragenden Schauspielern. Ich gehe in Vorstellungen großer Theater und von OFF OFF-Bühnen, besuche die Intendantenvorsprechen der

Lis Verhoeven mit Ensemble 1996

Schauspielschulen, lasse mich von Agenturen beraten und bin überglücklich, wenn es mir gelungen ist, eine genaue, eine passende Besetzung zu finden.

Über die Besetzung müssen sich die Regisseure der drei Stücke einig sein, und diese intensive Suche wird dann durch eine fruchtbare Arbeit an der Aufführung belohnt. Inzwischen hat sich so eine Art Kreuzgang-ensemble herauskristallisiert, das jedes Jahr durch neue Kollegen ergänzt wird. Ich freue mich, wenn es mir gelingt, den einen oder anderen guten Theaterschauspieler zu gewinnen, der sich durch das Fernsehen einem breiteren Publikum bekannt gemacht hat und Lust hat, wieder auf der Bühne zu stehen.

Dieses Ensemble verbringt drei Monate intensiver Theaterarbeit zusammen, viel enger miteinander verbunden als sonst am Theater üblich. Hier in Feuchtwangen verlebt man seine ganze Zeit miteinander, hier sitzt man nach der Probe noch in der SONNE bei Sonja und abends nach der Vorstellung wieder. Hier trifft man sich zum Frühstück im Café am Kreuzgang; hier begegnet man sich freitags mit dem Einkaufskorb auf dem Markt am Brunnen oder beim Zeitungholen. Da ist eine kollegiale, gute Atmosphäre lebenswichtig, denn sie schlägt sich auch auf die Qualität der Vorstellungen nieder. Und für dieses erwähnte gute Klima ist es nötig, daß alle Mitarbeiter gute, erschwingliche Quartiere mieten können. Feuchtwangen ist ein touristischer Ort, da ist es nicht leicht, für jeden das Passende zu finden. Frau Schmidt vom Verkehrsbüro gelingt es jedes Jahr von neuem, dieses Wunder zu vollbringen.

Hinter dem Kreuzgang steht ein altes, wunderbar restauriertes Biedermeierhaus – die »Villa Wahnsinn«, wie sie von den Schauspielern genannt wird. Dort pulsiert das Leben während der Proben und der Vorstellungen. Ganz oben, unter der romantischen Dachschräge, residiert die Schneiderei. Alles ist eng, aber gemütlich, wenn man bei einer Arbeitszeit bis zu 16 Stunden täglich und bei durchgearbeiteten Nächten von Gemütlichkeit sprechen kann. Hier werden die zahlreichen aufwendigen Kostüme nach den Entwürfen der Ausstatter hergestellt. Vor den Premieren bricht hier tatsächlich der Wahnsinn aus … Im Parterre drängen sich in der »Maske« vor den Vorstellungen die Schauspieler und helfen sich auch gegenseitig: alles in allem Theater pur. Im Keller ist dann noch das kleine Zimmer der Regieassistenten, in dem sie selten sind, weil sie ständig rotieren.

Regieassistent bei den Kreuzgangspielen: Das ist ein Fulltime-Job, das heißt nicht nur, daß der Probenplan jeden Mittag pünktlich »hängt«, das heißt nicht nur Anwesenheit bei den Proben und Vorstellungen; das bedeutet auch Inspizient sein, Souffleur und Requisiteur, das heißt Tonband bedienen, unmöglich Scheinendes möglich machen, in letzter Minute notwendig Gewordenes beschaffen – und noch dazu als Schauspieler auf der Bühne stehen. Ein Regieassistent muß ein Multitalent sein und ist oft genug der 14. Nothelfer.

Auch die Garderoben der Schauspieler sind in der »Villa Wahnsinn« untergebracht und last but not least der Versammlungsort: das Konversationszimmer. Hier hört man über Mikrophon den Ablauf der Vorstellung mit, um nur ja keinen Auftritt zu verpassen. Und so wandeln die Schauspieler in ihren Kostümen über den Kirchplatz zu ihrem Auftritt im Kreuzgang. Da sitzen dann Damen in Biedermeier-Kostümen oder Herren in spanischer Hoftracht auf den Bänken; da spazieren die Huren aus der »Dreigroschenoper« über den Platz, da rennt der Krämer Ill aus dem BESUCH DER ALTEN DAME wie ein geölter Blitz um die Kirche, um von der anderen Seite des Kreuzgangs wieder aufzutreten: alles Theater, geliebtes, immer wieder neues lebendiges Theater!

Und nach der Vorstellung, wenn Jojo, unser Beleuchter, auch ein wirklicher Künstler, die Scheinwerfer abblendet, wenn sich das Publikum langsam zerstreut, bin ich jedesmal glücklich, daß wir den Kreuzgang wieder mit Leben erfüllen konnten. Und ich hoffe, daß auf dieser besonderen Spielstätte noch viele interessante und bewegende Theaterphantasien Wirklichkeit werden.

Lis Verhoeven / Susanne Klemm

Der lange Weg zur Premiere

»Vor der Premiere setzen wir uns zu einem abschließenden Gespräch zusammen. Ich spucke meine Schauspieler an, toi toi toi, und verabschiede mich von unserer gemeinsamen Arbeit.« Dieses Ritual kennzeichnet nicht nur den schmerzlichen Abschied der Regisseurin von der Probenarbeit, es bildet auch gleichermaßen den Schnittpunkt zwischen der ersten öffentlichen Aufführung eines Stückes und der langen Vorbereitungsphase, von der im folgenden die Rede sein soll.

Die Intendantin Lis Verhoeven beginnt ca. eineinhalb Jahre vor der eigentlichen Aufführung mit der Konzeption. Für die Auswahl der Stücke sind mehrere Faktoren ausschlaggebend: zum einen die Vorliebe der Intendantin für stark emotionale Stücke und für aktualisierbare polititsche Inhalte, zum andern wird ein gemeinsamer Nenner, sozusagen ein Grundthema für die Abendstücke gesucht, 1996 z.B. die starke Frau, 1997 Zerfall absolutistischer Herrschaftsstrukturen, 1998 eheliche Liebe und Betrug.

Die Entscheidung über die Auswahl der drei Stücke, je ein ernstes und ein heiteres, außerdem ein Kinderstück, wird letztlich in Absprache mit dem Bürgermeister Wolf Rüdiger Eckhardt und dem Stadtrat getroffen.

Sobald die Stücke festgelegt und die Regisseure verpflichtet worden sind, beginnt die Intendantin mit der Zusammenstellung ihres Mitarbeiterstabes. Dazu zählen z.B. in diesem Jahr: drei Regieassistenten, die auch die Abendregie übernehmen, zwei Ausstatter, zwei Maskenbildnerinnen, eine Gewandmeisterin, drei Schneiderinnen, ein musikalischer Leiter und mehrere Musiker, ein Beleuchter, ein Fotograf; in früheren Jahren je nach Bedarf Choreographen, Tänzer, Schattenspieler, Akrobaten u.a. Die Zahl der Schauspieler

pendelte sich in den letzten Jahren auf 22 für drei Stükke ein. Da die Schauspieler meist doppelt besetzt sind, also in einer Saison in mindestens zwei Stücken auftreten, entscheidet die Intendantin gemeinsam mit ihren Coregisseuren über die Besetzung der Rollen. Schauspieler, die den Regisseuren nicht persönlich bekannt sind, qualifizieren sich durch ein Vorsprechen. Die künstlerischen Mitarbeiter werden jeweils für eine Spielzeit, von Mitte Mai (Beginn der Proben) bis Mitte August (Ende der Aufführungen), engagiert.

Ergänzend stellt die Stadt Feuchtwangen Personal zur Verfügung: drei Personen für Vorverkauf und Abendkasse, Frau Schmidt, die für das dreißigköpfige Ensemble gute Quartiere besorgt, zwei Mitarbeiter des Städtischen Bauhofs als Bühnenhandwerker und einen technischen Leiter. Diese wichtige Funktion erfüllt seit 1982 Gerhard Lechner (gleichzeitig Sicherheitsbeauftragter der Stadt). Er ist für den Kulissenaufbau und die gesamte Bühnentechnik einschließlich Einrichtung der Beleuchtung und der Tontechnik, Effekte und Requisiten zuständig. Während der Saison ist er 15 Stunden am Tag Ansprechpartner für alles und jeden, für Regisseure und Schauspieler ebenso wie für Maskenbildnerinnen und Schneiderinnen.

Im November des Vorjahres der Aufführung treffen sich Regisseure, Ausstatter, Gewandmeisterin, Beleuchter, und musikalischer Leiter mit der Intendantin zu einer dreitägigen Konzeptionsbesprechung. Man einigt sich auf eine Grundaustattung der Bühne, die durch Variationen dem täglich wechselnden Stück entsprechen muß. Zeitraubende Umbauten sind zwischen den Aufführungen nicht möglich.

In der Folgezeit entwirft der Ausstatter jeweils für sein Stück die Kostüme und zeichnet die Werkpläne für die Bühnenaufbauten und Dekorationen. Nach dieser

Vorgabe fertigt der Städtische Bauhof noch im Winter ein Provisorium, mit dessen Hilfe die Planung vor Ort bei einer Bauprobe im Kreuzgang überprüft wird.

Der Regisseur erarbeitet aus der literarischen Vorlage die Bühnenfassung. Eine Kürzung des Originaltextes ist meist unerläßlich, um die Texte auf eine dem Publikum angenehme Aufführungsdauer von zwei bis zweieinhalb Stunden zu bringen (in der Originalfassung hätte z.B. »Don Carlos« eine Spieldauer von ca. sieben Stunden). Vorwiegend die Nebenstränge der Handlung werden gestrichen.

Mitte Mai treffen Regisseure und Schauspieler in Feuchtwangen ein, die Proben beginnen. Viereinhalb Wochen lang wird zweimal täglich probiert, die Vielschichtigkeit eines Stückes und die Facetten jeder Rolle erarbeitet. Um im »Ernstfall«, bei starkem Regen, vom Kreuzgang auf die Stadthalle im Kasten ausweichen zu können, müssen sich die Schauspieler auf die unterschiedlichen Bühnendimensionen einstellen und eine zweite Variante für die Ausweichbühne probieren; die Bühne im Kasten ist doppelt so tief, dafür nur ein Drittel so breit wie im Kreuzgang.

Der Kreuzgang hat – wie jede Freilichtbühne – seine Eigenheiten. Die sehr breite, wenig tiefe Bühne macht es schwer, Spannungen zwischen den Schauspielern herzustellen. Diagonalen müssen über Bühnenaufbauten erschlossen werden. Da es nur einen Bühnenauftritt gibt (die Mitteltür), müssen bei Türenstücken wie »Der tolle Tag« raffinierte Ausgänge gefunden werden. Andererseits prägt gerade der vierseitig umschlossene Innenhof den vielgerühmten, kammerspielartigen und intimen Charakter unserer Freilichtbühne, und die gute Akustik eröffnet manche Möglichkeiten.

Parallel zu den Proben werden die Dekorationen fertiggestellt. Die Gewandmeisterin, die mit viel Einfühlungsvermögen die Figurinen des Ausstatters in fertige Schnitte nach den Maßen der Schauspieler umgesetzt hat, arbeitet seit Anfang Mai zusammen mit den Schneiderinnen an den Kostümen. Um die Arbeit zu bewältigen – an die 80 Kostümteile pro Saison – nähen sie oft 14 Stunden am Tag.

Das gegenüber festen Bühnen zahlenmäßig äußerst reduzierte Personal zeichnet sich allgemein durch hohe Einsatzbereitschaft aus, und ermöglicht überhaupt erst die effektive und kontinuierliche Arbeit des Ensembles.

Gegen Ende der Probenzeit vervollständigt sich die Kulisse. Die Schauspieler sind nun geschminkt und treten in ihren Kostümen auf. Auf die Hauptproben mit Kostüm und Licht, auf die öffentliche Generalprobe folgt die Premiere. Und die harte Arbeit der Wochen und Monate vollendet sich – im leichten Spiel.

Otfried Preußler

Nicht vergessen – sie können zaubern!

Ein paar Anmerkungen zum Theater für Kinder

Alle Menschenkinder durchlaufen im Zuge ihrer Entwicklung die »magische Phase«. Sie sprechen mit Steinen und Wurzeln, ein Kochlöffel wird zur Puppe, ein Tannenzapfen zum Krokodil. Mehr noch! Sie verwandeln sich je nach Bedarf in Raben und Störche, sie werden zu Riesen, zu Zwergen, zu guten und bösen Hexen. Einfach so, weil sie zaubern können. Noch können sie das. Je weiter der Mensch in die Jahre kommt, desto gründlicher gehen ihm diese magischen Kräfte verloren. Ausnahmen von der Regel gibt es natürlich. Selten zwar, aber es gibt sie. Es sollte sie, nicht zuletzt, unter Schauspielern geben.

Die magische Phase beginnt im Kindergartenalter, sie hält bis zum Ende der Grundschule an. Während dieser Zeit spielen die kleinen Hexen und Magier gern Theater, sei es mit Puppen, sei es im Rollenspiel. Selten habe ich so faszinierende Aufführungen gesehen! Die jungen Damen und Herren meistern jede nur denkbare Rolle. Sie zaubern sich in die Rolle hinein, das ist alles. Kulissen benötigen sie nicht, Requisiten werden nur angedeutet. Indem sie damit hantieren, werden Haselstecken zu Schwertern, Weidenkörbe zu Kutschen. Nicht selten spinnt eine sechsjährige Prinzessin an einem Spinnrad, das gar nicht vorhanden ist; die Zuschauer sehen es trotzdem, sie hören es schnurren.

Auch für das Kindertheater sind Kinder im magischen Alter ein unvergleichliches Publikum - stets mit Freuden bereit, sich verzaubern zu lassen. Wovon? Von einfachen Stücken, in denen es was zum Lachen gibt, manchmal auch was zum Fürchten. Von Stücken in einfacher Sprache, die sie verstehen. Das bedeutet nicht, daß die Dialoge kunstlos sein müßten. Im Gegenteil! Dies gilt ebenso für das Bühnenbild. Je einfacher, desto besser. Kraft seiner Phantasie kann das verehrliche Publikum sie sich selber ausstaffieren. Die Maschinerie des Theaters, der großen Häuser ist schön und gut, es bedarf ihrer nicht. Wenngleich es hin und wieder gelingt, sie für Kinder einzusetzen.

Ein Wort zu den Darstellern! Wer vor Kindern spielt, sollte die Fähigkeit haben, wieder zum Kind zu werden. Er sollte auf seine magischen Kräfte vertrauen: auf die Magie des Wortes, auf die Magie von Mimik und Gestik, dann sind die Kostüme eher Nebensache. Und, dies die *conditio sine qua non*, er muß sein Handwerk beherrschen. Theater für Kinder ist keine Nebensache, ist nicht mit der linken Hand zu machen. Auch für den Regisseur nicht. Im übrigen habe ich oft beobachtet, daß es gerade die großen Schauspieler sind, die Meister ihres Berufes, die gern mal vor Kindern spielen. Mit dem Freibrief zur Improvisation, zum Spiel über die Rampe hinweg. Wo sonst haben sie heutzutage noch die Möglichkeit dazu?

Und noch was, ein letztes! Kinder wünschen, gefälligst auch im Theater ernst und für voll genommen zu werden. Selbst dort, wo es spaßig, ja albern zugeht. Sie durchschauen mit unbestechlichem Blick jede Art von billigem, auch von raffiniertem Schwindel. Hingegen sind sie stets dazu bereit, sich verzaubern zu lassen. Sozusagen von gleich zu gleich. Denn bitte: Vergessen wir nicht, daß sie zaubern können...

Dieter Gackstetter

Notizen zum Genre »Kindertheater«

Als ich vor circa zwölf Jahren mit der »Kleinen Zauberflöte« bei den Burgfestspielen in Mayen mein erstes Kinderstück inszenierte und die jungen Premierenbesucher nach der Vorstellung auf den Straßen der Stadt das Lied des »Papageno« trällerten, wußte ich, daß ich auch in Zukunft für das Kindertheater arbeiten würde.

In unserer von Computerspielen, Fernseh- und Videorealismus geprägten Zeit fällt dem Kindertheater eine besondere Bedeutung zu, da es sich an die Phantasie und die individuellen Träume richtet, die doch immer noch existieren, wenn sich die Kinder ihnen nur öffnen.

Die Märchen mit ihrer assoziativen Bilderwelt sind die sogenannten Klassiker unter den Kinderstücken. In szenischen Bildern spiegeln sie konkrete Ängste und Wünsche von Kindern wider und beinhalten allgemeine Werte wie Gut und Böse, Liebe, Freundschaft, Glück etc.; Begriffe, an denen sich das kindliche Bewußtsein zu orientieren versteht. Märchen vom Lesebuch auf die Bühne zu transponieren, bedeutet für den Regisseur eine reizvolle Herausforderung, da sich aus der bekannten Story plötzlich theatralische Perspektiven eröffnen, die in der literarischen Vorlage quasi verborgen oder verschlüsselt zwischen den Zeilen zu schlummern schienen.

Als ich »Alice im Wunderland«, »Pinocchio« oder »Der Teufel mit den drei goldenen Haaren« für die Bühne dramatisierte, ging es mir nicht darum, die Werke der berühmten Autoren zu verändern, sondern sie durch eine klare Konturierung der dramaturgischen und in-

haltlichen Schwerpunkte und durch eine zeitgemäße Sprache szenisch neu zum Leben zu erwecken und den Märchenfiguren mit Hilfe der Schauspieler menschliche Wirklichkeit zu verleihen.

Beim Lesen von Märchen entwickelt die kindliche Phantasie spontan eine konkrete Vorstellung von den jeweiligen Märchengestalten. Wie ein Film läuft die Handlung des Märchens beim Wiederlesen in der kindlichen Vorstellung ab. Sieht das Kind dann dasselbe Märchen im Theater, so stellt sich neben dem Staunen oft gleichzeitig eine gewisse Irritation ein. Denn die szenische Märchenbilderwelt ist komplexer, vielschichtiger und steht oft im Widerspruch zu der individuellen Imagination, die sich das Kind von den entsprechenden Märchenfiguren gemacht hatte. Doch gerade die Märchenbilderwelt des Theaters vermittelt dem Kind assoziative Impulse, stellt infrage oder versucht zu beantworten und hebt letztlich die eindimensionale Vorstellung, die sich das Kind beim Lesen des Märchens gemacht hat, auf. Jedoch nicht bedingungslos. Bekanntlich sind Kinder das kritischste Publikum. Nach meiner »Pinocchio«-Inszenierung im Theater Ingolstadt, die 39.000 Kinder gesehen haben, äußerten sich Schüler in einer Tageszeitung über ihre Eindrücke. Trotz allgemeiner Begeisterung waren die Meinungen über szenische Details, über die Kostüme oder die Bühnenmusik absolut unterschiedlich. Ein Plus für die assoziative Effizienz der theatralischen Märchenbilderwelt.

Die kleinen Besucher der Kinderstücke könnten später zu einem gewichtigen Teil des Publikumspotentials der Theater werden. Deshalb sollten ihnen Autoren und Regisseure mit der entsprechenden Ernsthaftigkeit begegnen.

In der deutschen Theaterlandschaft wird das Kindertheater leider immer noch zu stiefmütterlich behandelt. Auf den Spielplänen der renommierten Freilichtbühnen hingegen hat es längst seinen Platz gefunden. So auch bei den Kreuzgangfestspielen in Feuchtwangen, die während ihrer 50jährigen Tradition das Kindertheater fest in ihr wundervolles Ambiente integriert haben.

ERINNERUNGEN

Joachim Fontheim

Intendant der Kreuzgangspiele 1979–1988
Ehrenmitglied der Kreuzgangspiele

Joachim Fontheim als »Prospero« in »Sturm« 1986

Aufbruch und Leidenschaft, Abenteuer und Geheimnis: Kreuzgangspiele Feuchtwangen

Daß trotz Kälte und manchmal schlechtem Wetter abends 20.30 Uhr die Besucher zu den Vorstellungen der Kreuzgangspiele kommen, ist inzwischen fast normal. Wir beschlossen 1979 eine »Nacht der Lieder«, die 22.30 Uhr begann. Eine Herausforderung »nördlich der Alpen«! Wir hatten Glück: Wetter und Publikum spielten mit – ich erlebte eine meiner schönsten Theaternächte.

Wenn ich meine Freunde in Feuchtwangen oder in Krefeld nach ihrem stärksten Theatererlebnis während meiner Intendanz in Feuchtwangen frage, dann bekomme ich immer die Antwort: Die Premiere von »Romeo und Julia«. Warum? Der Tag war total verregnet. Ab 18 Uhr wußten die Schauspieler und ich, daß der Abend buchstäblich ins Wasser fallen würde. Es kam eine leidenschaftliche »Nun erst recht«-Stimmung auf, wir bettelten förmlich darum, trotz der unmöglichen Witterung im Kreuzgang spielen zu dürfen. Wir durften und es wurde ein grandioser Abend. Wenn es eines Beweises bedurft hätte, daß mit Leidenschaft, persönlichem Engagement, ungeheurem Einsatz und Besessenheit Freilichttheater gemacht wird – hier war er. Der Regen wurde im Scheinwerferlicht zu Sonnenstrahlen, die Tropfen von den Mauern und Bäumen schienen Diamanten zu sein, »Veronas« Straßen dampften vor »Hitze« und die Schauspieler spielten wie in einem Rausch. Die Tribüne war bis zum letzten Platz gefüllt, niemand ging, der Applaus wollte kein Ende nehmen und es hatte sich erfüllt, wovon wir immer träumen: die verschworene Gemeinschaft von Schauspielern und Zuschauern.

Um aber ein Ausweichquartier bei Regen zu haben, sollte der »Kasten« restauriert und entsprechend ausgebaut werden, was auch als zusätzlicher Probenraum für die Kreuzgangspiele dringend erforderlich war. Die Arbeiten machten gute Fortschritte. Plötzlich – eines Nachts – Feueralarm! Der »Kasten« brannte. In einer anderen Nacht wiederholte sich das Szenarium. Die Ursache dieser Brände weiß ich bis heute nicht. Aber eines weiß ich, weil ich dabei war, zusammen mit dem Bürgermeister, den Feuerwehrleuten, den Feuchtwanger Bürgern, den Schauspielern, die alle halfen, das Feuer zu bekämpfen: in diesem Feuer wurde die Verbundenheit der Feuchtwanger mit ihren Kreuzgangspielen und den Schauspielern für immer erhärtet. Die Kreuzgangspiele wurden der Stadt Feuchtwangen »angeschweißt«.

In der Rolle des »Prospero« in Shakespeares »Sturm« wollte ich mich von meinem Feuchtwanger Publikum verabschieden, auch wenn ich erst 1988 meinen »Zauberstab« niederlegte. Am Schluß des Stückes hat Prospero zu sagen: »Hin sind meine Zauberei'n«. Jeden Abend, wenn ich diese Zeilen sprach, kam wie auf's Stichwort eine Fledermaus von links auf mich zugeflogen, umkreiste mich zweimal, um nach rechts zu verschwinden. Ein unheimlicher Vorgang. Bei ihrem ersten Kommen war ich erschrocken, später wartete ich auf den Vogel-Partner. Wenn ich romantisiere, dann war das ein Geheimnis, eines der nie zu erklärenden Rätsel am Theater. Etwas von diesem Geheimnis war in jedem Feuchtwanger Theaterabend zu spüren.

Feuchtwangen war Fron und geheimnisvoller Flug der Fledermaus gleichzeitig.

Dem Kreuzgang, der Stadt Feuchtwangen, ihren Menschen und den Schauspielern danke ich mehr als 450 sonnenwarme, feurige, kalte, zauberische und entrückte Abende.

Imo Moszkowicz

Intendant der Kreuzgangspiele 1989–1993

Die Kunst, die Natur, der steinerne Zauber und die Hexen

Imo Moszkowicz

»Wer nur kam auf diese Idee in unseren nördlichen Breitengraden, in denen eine herbe Wetterlage die liebliche immer zu vertreiben bemüht ist, Freilichttheater zu machen?«, fluchte ich vor mich hin, wenn die Bretter, die die Welt bedeuten, oftmals glitschig von Nässe dem Akteur keinen rechten Halt mehr boten. Und wie gefährlich schlüpfrig schien mir anfangs das Unterfangen, gegen die Zufälligkeit des Wetters wirken zu müssen, damit die Kunst der Sprache sich gegen die übermächtige Ausstrahlung eines von Menschenhand geformten steinernen Monuments aus längst vergangener Zeit behaupten kann. Auch glaubte ich bis zu meinem Intendantendasein, daß Kunst, um blühen zu können, Stille braucht; der Kreuzgang zwang mich umzudenken.

Lange konnte und wollte ich mir nicht vorstellen, daß das Dichterwort eine Zerreißprobe mit dem Wind, dem Regen, dem Blätterrauschen und Vogelgeflattere, unbeschadet überstehen kann.

Wer vermutet die Qual eines Regisseurs, wenn er erstmals die bespielbare Grundfläche inspiziert? Da ist so gar keine Bühnentiefe und selbst die kühne Überbauung, die der Bühnenmeister mit seinen Mannen an die obere Kreuzganglinie montierte, brachte nur eine bescheidene Erweiterung. Da sich aber im Bescheiden erst der wahre Meister zeigt, war gerade diese Knappheit des Raumes, sobald man sie in den gestalterischen Griff bekam, stilbildend: Einfachheit verdeutlicht.

Dank sei hier dem Thespis gesagt, der – bereits lange vor unserer Zeitrechnung – mit der Einfachheit des rollenden Karrens Vorbild einer notwendigen Bescheidenheit für die darstellenden Künste war. Dank auch jenen Regiekollegen, die sich nicht vom künstlerischen Übermut haben verführen lassen, der räumlichen Gegebenheit dekorative Lösungen aufzuzwingen.

Der Kreuzgang lehrte mich mit einer weiteren Tücke umzugehen. Nichtgelungene Aufführungen haben die Eigenschaft »ins Wasser zu fallen«, wie der Volksmund sagt. Ich mußte erkennen, daß nicht immer »alles Gute von oben kommt«, wenn beim ersten Wolkenbruch sich mir das 11. Gebot aufzwang, das da gnadenlos lautet: »The show must go on!«

Aber wie läßt sich dieses eherne Theatergesetz in die Tat umsetzen, wenn die Zufälligkeit der Elemente wie ein Menetekel droht? Da brauchte es zumindest der Mithilfe gewisser einflußnehmender Kräfte, wie ich bald herausfand.

In Feuchtwangen hatte es sich rasch herumgesprochen, daß der neue Intendant mit seiner angeheirateten Hexe angereist war, die sogleich in unmittelbarer Nachbarschaft eine Seelenverwandte fand. Dräute das Wetter schon frühmorgens dem Vorstellungsbeginn höhnisch entgegen, so setzten die beiden ihre beschwörenden Waffen ein. Sie nahmen sich der magischen Beeinflussung der Wetterlage an und zauberten die Kreuzgangspiele – in meiner fünfjährigen Amtszeit – in den schier unglaublichen Genuß, nur eine einzige Vorstellung kurz vor ihrem Schluß abbrechen zu müssen. Ein andermal hellte das Wetter wieder auf, als die Besucher eben in der schönen Ausweiche Platz genommen hatten. Ich ordnete eine Rückkehr in den Kreuzgang an und der abermalige Wechsel erfolgte wie oftmals probiert, die Vorstellung ging trocken zu Ende.

»Die Leut« kommen ja, um Theaterkunst im Kreuzgang zu erleben und nicht um in einem geschlossenen Saal zu sitzen. Das haben sie ja auch in ihren pompösen Stadt- und Staatstheatern. Ein gelegentliches Eingenäßtwerden gehört zu jenem Abenteuer, das nur Freilichttheater bieten«, erklärte mir ein kluger Kopf, der über den möglicherweise notwendigen Schauplatzwechsel in den Kasten nicht glücklich werden wollte. Da meine Hexen jedoch meine Meinung stützten, daß eine Erkältung der Schauspieler und Zuschau-

er in keinem Verhältnis zum Kunstgenuß stehen kann, machten sie sich jeden Tag aufs neue an die Arbeit, dem Petrus in seine Wassersuppe zu spucken.

Daß der mit großem Aufwand geplante künstliche Himmel, der den Kreuzgang wetterunabhängig machen sollte, nicht realisiert werden konnte, lag wohl an meinem Einwand, daß eine Aufführung auch eine Beleuchtung braucht. Da diese aber über den Köpfen der Zuschauer angebracht sein mußte, damit deren Schatten die Lichtwirkung nicht beeinträchtigt, erwies sich bald die Undurchführbarkeit dieses gewaltigen Planes; er wurde zurückgezogen, denn er hatte etwas von Schilda, wo man auch nicht bedacht hatte, dem Licht den Weg durch Rathausfenster zu ermöglichen.

Des Kämmerers Großzügigkeit hingegen machte die jährliche Anmietung einer Feuchtigkeitsentzugsmaschine möglich, die den durch Abendluft und Schweiß feuchtgewordenen Kostümen über Nacht zu jener Trockenheit verhalf, die sie für die nächste Vorstellung wieder brauchbar machten, den ach-so-bezüglichen Ortsnamen verhöhnend.

Und da ich nun schon bei den schmückenden Eitelkeiten vollbrachter großer Taten angekommen bin, muß ich hier vermerken, daß die Schaffung menschenwürdiger Garderobenräume im Organistenhäuschen den Stadtvätern zur Ehre gereicht. Ganze Schauspielergenerationen werden den noblen Komfort zu schätzen wissen. Stolz schwellt die Brust auch bei der Feststellung, daß es uns gelingen konnte, einen völlig verluderten Fundus in erstklassigem Zustand meiner Nachfolgerin zu übergeben, was zumindest Finanzen und ärgerliches Suchen erspart.

Dagegen steigt in meiner Erinnerung eine herbe Unannehmlichkeit auf: mein verzweifelter Kampf gegen etliche uneinsichtige Mütter und Lehrer, die unsere kleinen Zuschauer, der brutalen Sonnenglut ausgesetzt, *ohne* Kopfbedeckung in die vormittägliche Märchenvorstellung schickten: dieser Leichtsinn empört mich noch heute.

In Erinnerung drängt sich jedoch auch ein Vorgang, der mein Intendantenherz höher schlagen ließ:

Da die erstaunlichen Erfolge meiner Hexen, selbst unter Hinzuziehung der bienenfleißigen Maskenbildnerin, keine hundertprozentige Garantie waren, die Schleusen des Himmels über eine ganze Aufführungszeit hin geschlossen zu halten, kam ich zu dem Schluß, daß der Bühne recht sein müsse, was dem Zuschauer längst schon billig war: das Tragen von wasserabweisenden Pelerinen. So wurden die kostbaren Kostüme gegen triefende Nässe geschützt, blieben aber sichtbar. Schönstes Intendantenglück war es, daß auf diese Weise Bühne und Zuschauerraum, Schauspieler und Zuschauer, zu einem einheitlichen Kunstwerk verschmolzen; da wären selbst renommierteste Verpackungskünstler vor Neid erblasst.

Damit der Geschichtsschreiber der Kreuzgangspiele nicht eines Tages auf diese Übertreibung hereinfällt, sei – historischer Wahrheit wegen – gesagt, daß diese fabelhafte Idee nur ein einziges Mal, in der xten Kiss-me-Kate-Vorstellung, Anwendung fand. Ungewöhnliches wiederholt sich halt recht selten.

Es gab aber auch jene ängstlich-besorgten Momente, wenn ich mit Unfällen oder Erkrankungen im künstlerischen Personal konfrontiert war. Ein Ausfall durfte nicht passieren. Da half nur – wie schon zu Shakespeares und auch der Neuberin Zeiten – zu improvisieren, da stellte der eine Schauspieler die Rolle in Gestik und Bewegung dar, während ein anderer den Text las und damit die Aufführung rettete. Eine mögliche Annäherung an des Direktor Strieses Schmierentheater quittierte das verzeihende Publikum immer mit großzügigstem Applaus, denn solch rare Vorfälle trugen ja stets zur Unterhaltung bei und folgten lediglich unserem allerobersten Gesetz, unser Publikum nicht zu langweilen.

Unvergeßlich bleibt, mit welcher Selbstverständlichkeit die Feuchtwanger Einwohner das sich alljährlich im Ort breit machende Komödiantenvolk beherbergen und ihm ihre unvoreingenommene Zuneigung zeigen; wir durften viele Freunde in der kleinen Stadt gewinnen, die so unglaublich viel für die darstellende Kunst ermöglicht.

Der einer göttlichen Verehrung zugedachte Kreuzgang erlaubt uns Theaterleuten, diesen stillen Ort in grelles Licht zu tauchen, ohne ihn zu beleidigen. Wenn dieser alles verändernde Schein dann Säulen und Bäume, Bögen und Sträucher, Akteure und Zuschauer zu abendlichem Spiel von Licht und Schatten vermengt, um einer ganz anderen Gottheit, der Muse Thalia zu huldigen, dann mischen sich Natur und Kunst, Vergangenheit und Gegenwart, Versuch und Gelingen, alle Gegensätzlichkeiten überwindend zu einer neuen Harmonie.

Aus diesen Zeilen läßt sich wohl leicht herauslesen, welche Bedeutung der inhaltsreiche Satz aus dem Torquato Tasso: »Ich wich und wich und kam nur immer näher« im Laufe meiner Feuchtwanger Zeit für mich bekommen hat.

Die Kreuzgangspiele folgen der glücklich machenden Verpflichtung, eine selten gewordene Quelle des Genießens zu sein, die in Momenten gelungener Darstellungskunst erlaubt, staunend den Atem anzuhalten.

Möge dies so sein, bis die steinernen Bögen stürzen!

Ich erinnere mich aber auch an den kalten Regen in jenem Sommer, der so manche Aufführung unterbrach und wir im Gemeindehaus weiterspielen mußten.

Ich erinnere mich an heißen Glühwein, der uns erwärmte, während wir in unseren dünnen griechischen Gewändern froren.

Aber es gab auch warme Tage mit Baden, Spaziergängen durch die Gegend, Lesen, Lernen, Zusammensein!

Und dazu ein aufgeschlossenes, interessiertes Publikum. Wir waren wohlgelitten – also alles Gute und »Sonne – Chancen«.

Udo Thomer

Udo Thomer spielte:

1968 Lanzelot in: Shakespeare »Kaufmann von Venedig«. Tomas in: Molière »Der eingebildete Kranke«. 1983 Claudius in: Shakespeare »Hamlet«. 1986 Caliban in: Shakespeare »Sturm«. 1988 Othello in: Shakespeare »Othello«.

An Feuchtwangen erinnere ich mich immer gerne. 1968 war ich das erste Mal da, gleich nach meiner Schauspielschule (Otto-Falckenberg-Schule, München) und meinem ersten Engagement am Staatstheater Oldenburg. August Everding, der Intendant der Münchner Kammerspiele und Chef der Falckenbergschule, hatte wegen mir sogar den Termin der Abschlußprüfung verlegt, damit ich in Feuchtwangen den »Lanzelot Gobbo« und den »Thomas Diaforus« spielen konnte. Zwei schöne große schwierige Rollen für einen Anfänger. Ich glaube, als »Thomas Diaforus« habe ich damals viel Klamotte gemacht, aber ich kam an. Die Leute sind wegen mir mehrmals in die Vorstellung gegangen und immer wenn ich als »Thomas Diaforus« auftrat, hörte ich aus dem Publikum »Etz kummt er wiada«. Ich war wirklich sehr komisch, aber ich glau-

Rosel Zech als »Kreusa« in »Medea« 1962

Rosel Zech

Rosel Zech spielte:

1962 Kreusa in: Grillparzer »Medea«. Olivia in: Shakespeare »Was ihr wollt«.

Kreuzgangspiele Feuchtwangen – »Was Ihr wollt« und Medea habe ich dort gespielt – es ist lange her.

Ich erinnere mich an den echten Mond am Himmel, an die echten Vögel in den Sträuchern, mich etwas irritierend, aber stimmungsvoll und schön.

Udo Thomer in der Hauptrolle des »Othello« 1988

natz, Morgenstern) und ich weihte mit Fontheim u.a. den Kasten ein. 1986 kam ich dann wieder für den »Caliban« im Sturm von Shakespeare. Bei den Abendproben war Fontheim (Regie) nicht immer so glücklich mit mir, denn kaum ging ich von der Bühne, schlich ich mich ins »Café Kreuzgang« zu Fritz Karg und sah in seinem Wohnzimmer fern. Fontheim und meine Kollegen hatten viel Mühe, mich wieder für die Proben zu aktivieren, weil 1986 die Europameisterschaft im Fußball war und ich war damals ein großer Fußballnarr. Es dauerte immer sehr lange, bis ich wieder zur Probe kam und ich sah in die sauren Gesichter sämtlicher Kollegen. Dann kamen die Vorstellungen. Vor meinem letzten Auftritt als »Caliban« hatte ich immer 15 Minuten Zeit. Die verbrachte ich mit meinem Kollegen Bernd Stief (Stefano) auf dem Marktplatz von Feuchtwangen, vor dem Fenster des »Café Kreuzgang« und wir tranken dort wie an einer Bar, in Kostüm und Maske, ein bis zwei Weißbiere. Wir hatten ja nachher nicht mehr viel Text, es ging auch immer gut. Nur die Leute, die über den Marktplatz kamen, guckten uns seltsam an. Ich glaube, wir sahen an unserer Behelfstheke schon sehr merkwürdig aus.

In der letzten Spielzeit unter Fontheim spielte ich den »Othello«. Diese Spielzeit war sehr anstrengend für mich, weil ich neben den Proben und später auch neben den Vorstellungen noch die Serie »Waldhaus« drehte und mehrmals in der Woche zwischen Murnau und Feuchtwangen hin und her fuhr. Drehschluß 15.30 Uhr, Fahrt nach Feuchtwangen, Ankunft 18.00 Uhr, dann habe ich mich eine Stunde in den Kasten eingeschlossen, um mich auf den »Othello« vorzubereiten. Nach der Vorstellung wieder zurück nach Murnau. Drehbeginn am nächsten Tag 8.00 Uhr. Aber ich schaffte alles gut. Während der Vorstellung lief auch schon die Serie »Waldhaus« an und ich hörte oft bei meinen Auftritten »da isser, unser Franz Kurawski!« So hieß meine Rolle in »Waldhaus«.

Bei einer Vorstellung von »Othello« hatte ich einen unfreiwilligen Lacher mit Applaus; ich hatte gerade Desdemona ermordet, legte sie auf den Boden und in dem Moment fuhr ein Krankenwagen mit Sirene und

be, ich war nicht gut. »Äußerliche Klamotte« würde ich heute dazu sagen.

Im Laufe der Jahre habe ich an den Theatern in München, Hamburg, Stuttgart sehr viel dazugelernt, mit vielen großen Rollen. 1983 kam ich wieder nach Feuchtwangen und spielte »König Claudius« im »Hamlet«, unter der Regie des damaligen Intendanten Joachim Fontheim. Dazwischen kam ich öfter für Lesungen nach Feuchtwangen (Karl Valentin, Ringel-

Blaulicht über den Marktplatz. Da konnte auch ich nicht mehr ernst bleiben!

Wenn ich vor einer Vorstellung nicht gerade vom Drehen kam, ging ich immer eine bis zwei Stunden in den Wald und dachte meine Rolle durch. Einmal kam ich dann mit einer großen Unterlippe zur Vorstellung, konnte kaum sprechen, denn es hatten mich eine Wespe und eine Bremse zur gleichen Zeit in die Unterlippe gestochen. Fontheim holte den Theaterarzt, der mich mit Cortison behandelte, und ich merkte während der Vorstellung, wie meine große Unterlippe abschwoll.

Es war immer sehr schön in Feuchtwangen, ich habe es immer sehr genossen, die Proben, die Vorstellungen, die Kollegen (nicht alle, aber wann hat man das schon), meinen Intendanten und Regisseur, die Menschen dort, den Wein, und mein zweites »Wohnzimmer«, das »Café Kreuzgang« bei Fritz Karg. Mein Gott, was habe ich dort Wein vernichtet! Aber es waren immer schöne Abende!

Wenn es meine Dreh- und Theatertermine zulassen, werde ich bestimmt in dieses wunderbare Feuchtwangen wiederkommen, ob als Zuschauer, vielleicht um mal wieder dort zu spielen, oder einfach nur als Weinvernichter in meiner damaligen »zweiten Heimat« im »Café Kreuzgang«.

Detlef Meierjohann

Detlef Meierjohann war von 1975–1978 Regieassistent von Karlheinz Komm und Horst Alexander Stelter. Er spielte 1976 den Sekretär Le Coq in Feuchtwangers »Marie Antoinette«, den Hofmarschall von Trampel in »Das tapferen Schneiderlein«, 1977 den Schreiber Josef Reisacher in Thomas »Moral«, das Schloßgespenst in »Dornröschen«, 1978 Hans in »Der gestiefelte Kater« und mehrere Soldaten in Brechts »Mutter Courage und ihre Kinder«.

Feuchtwangen – der Beginn einer langen Freundschaft

Als wir, d.h. eine bunte Schar von Theaterleuten aus allen Teilen des Landes unter der Leitung des damals

Detlef Meierjohann als »Soldat« und Eva Kotthaus als »Courage« in »Mutter Courage und ihre Kinder« 1984

in Regensburg lebenden Dramaturgen und Regisseurs Karlheinz Komm 1975 nach Feuchtwangen kamen, wußten wir natürlich noch nicht, welch wunderbare und schöne, von persönlichen Erlebnissen geprägten kommenden vier Jahre vor uns lagen.

In Feuchtwangen war, wie es uns schien, die Welt noch in Ordnung. Jedes Jahr einmal, und dies damals schon rund 25 Jahre lang, verwandelte sich die idyllische kleine Stadt an der Romantischen Straße in eine Festspielstadt. Von Ende Mai bis Anfang August bestimmten dann die Theaterleute die Szene rund um das Café am Kreuzgang und den Marktplatz.

Die Proben fanden teils im Rathaus oder in der Fränkischen Teppichweberei sowie manchmal auch im 1. Stock im Café am Kreuzgang statt. Später probierten wir in der inzwischen umgebauten Schranne und heute steht hierfür endlich der wunderschöne Kasten am Kirchplatz zur Verfügung. Unser Festspielbüro hatten wir in der »Villa Kunterbunt«, dem ehemaligen Organistenhaus. Hier waren auch die Garderobenräume, die Maske und eine kleine Näherei untergebracht. Alles in allem also recht bescheidene Verhältnisse.

Das Besondere aber, an das ich mich heute gerne erinnere, war der persönliche Kontakt des Festspielensembles zur Bevölkerung. Es begann schon damit, daß das Verkehrsbüro für jeden Künstler ein ausgesuchtes Quartier zur Verfügung stellte. Den damaligen finanziellen Verhältnissen entsprechend, waren alle Ensemblemitglieder mehr oder weniger privat untergebracht und dadurch entstand, wie ich meine, eine besondere Bindung zu den Festspielen.

Besonders möchte ich hier stellvertretend für all die anderen Fritz Karg, den Gastronomen und Eigentümer des Cafés am Kreuzgang, erwähnen, der uns in den Jahren ein verständnisvoller und großzügiger Freund war. Wie viele Stunden wir in seinen Räumen verbracht haben, vermag ich heute nicht mehr zu sagen, aber eines ist klar: Das Café am Kreuzgang war damals für alle Künstler eindeutig der Mittelpunkt des Zusammenlebens.

Die zweite Person, die ich erwähnen muß, ist Helma Kurz, die Verlegerin dieser Festschrift. Sie war so etwas wie die »Mutter der Kompanie«. Nachdem 1975 zum ersten Mal seit Jahren wieder ein frei zusammengestelltes Ensemble engagiert worden war, das sich erst im Sommer in Feuchtwangen zusammenfand und kein stehendes Theater hinter sich hatte, waren wir sozusagen auf vielerlei Hilfe vor Ort angewiesen. Und hier war Helma Kurz stets mit Rat und Tat zur Stelle. Egal, ob wir das eine oder andere Requisit suchten, oder ob ein Kontakt zu einem bestimmten Handwerker hergestellt werden mußte, sie war immer bereit, sich für die Kreuzgangspiele einzusetzen. Im Laufe der Jahre ging dies soweit, daß die Künstler sogar mit persönlichen Problemen zu ihr gingen und ihren Rat suchten. Als sich Familie Kurz dann im dritten Jahr entschloß, für ein oder zwei Künstler ein Quartier zur Verfügung zu stellen, hatte ich das große Glück, einer davon zu sein. Die beiden Jahre, die ich dann im Hause Kurz verbringen durfte, haben uns so nahe gebracht, daß wir auch heute noch nach fast 25 Jahren auf das freundschaftlichste miteinander verbunden sind.

Und so erinnere ich mich immer wieder gern an die Zeit in Feuchtwangen, wo ich die ersten vier Jahre meiner Theaterlaufbahn als Regieassistent und Schauspieler, als Mitarbeiter des Betriebsbüros und als sogenanntes »Mädchen für alles« tätig war und ohne Zweifel für die folgenden Jahre viel gelernt habe.

Heide Ackermann

Heide Ackermann spielte:

1975 Luise Miller in: Schiller »Kabale und Liebe«. 1976 Frau
Brendel in: Kotzebue »Die deutschen Kleinstädter«. Marie-Thérèse
in: Feuchtwanger »Marie Antoinette«. Frau Klüngel in: Komm/
Mors »Das tapfere Schneiderlein«. 1977 Demetria Riffel in: Osborn
»Der Tod im Apfelbaum«. Frau Bolland in: Thoma »Moral«. Trine in:
Grimm »Dornröschen«.

Ich habe von 1975–1977 drei Sommer lang im Kreuzgang gespielt und habe daran nur die allerschönsten
Erinnerungen. Wie uns das Publikum geliebt hat, und
wie gastfreundlich und herzlich die Feuchtwanger
Bevölkerung war, ist sicher einmalig. Wenn alle 50
Spielzeiten für die Schauspieler so schön waren, wie
ich es erlebt habe, dann müssen die Feuchtwanger ja
auf einer Wolke der Zuneigung schweben!

Erinnern kann ich mich besonders an die Generalprobe von »Kabale und Liebe« (ich spielte die Luise), weil
es von der zweiten bis zur letzten Minute geschüttet
hat, und wir trotzdem tapfer triefend das ganze Stück
gespielt haben.

Der nächste Sommer jedoch war unheimlich heiß und
trocken. Das Wasser wurde rationiert, Autowaschen
und Gartengießen war streng verboten, das Vieh wurde geschlachtet, weil es kein Futter mehr gab, und die
Bäume warfen mitten im Sommer die Blätter ab.

Das war wohl das einzige Mal in einer Freilichtsaison,
daß wir Schauspieler jeden Tag zum Himmel blickten
und nach Wolken Ausschau gehalten haben: wenn es
nur regnen würde!

Sonst gibt es nur den Seufzer aus tiefstem Herzen: Lie-
ber Gott, bitte laß es nicht regnen, wenigstens nicht
am Abend!

*Heide Ackermann als »Luise Miller« und Michael Grimm als
»Ferdinand« in »Kabale und Liebe« 1975*

Thekla Carola Wied

Thekla Carola Wied spielte:

1975 Donna Diana in: Moreto »Donna Diana«.

Natürlich erinnere ich mich noch gerne an diesen schönen Fränkischen Sommer 1975. Wir spielten »Donna Diana« von Augustin Moreto y Cabana, und hätte der Himmel nicht immer wieder seine Schleusen geöff-

Thekla Carola Wied als »Donna Diana« und Horst Alexander Stelter als »Perin« in »Donna Diana« 1975

net, hätte man sich mühelos ins Spanien des 17. Jahrhunderts zurückversetzen können. Der romanische Kreuzgang war die ideale Kulisse.

Im Gedächtnis geblieben ist mir einiges: vor allem die liebenswerten Menschen dieser Landschaft – wir wohnten im Finkenschlag bei sehr netten, herzlichen Gastgebern, die kulturhistorisch reiche Gegend, die Fledermäuse, die uns allabendlich beim Spiel umschwirrten, der unvermeidliche Tee mit Rum, der an kalten, verregneten Abenden unser Blut in südländische Wallung bringen sollte, die gute Küche, der vorzügliche Wein …

Eine Zeit voller Heiterkeit, eine schöne Erinnerung!

Ich wünsche allen Beteiligten, allen Mitspielern, allen Theaterfreunden weitere erfolgreiche 50 Jahre!

Eva Kotthaus

Eva Kotthaus spielte:

1978 Courage in: Brecht »Mutter Courage und ihre Kinder«.

Sommer 1978 – sind seither wirklich 20 Jahre vergangen? Ich spielte in diesem romanisch-romantischen Klosterhof die »Mutter Courage« – und erinnere mich gern an einen meiner schönsten »Aktiv-Urlaube«, so nannte ich meine diversen sommerfestlichen Gastspiele, da sie mir Gelegenheit gaben, die in festen Theatern unvermeidbare »Staublunge« ordentlich zu lüften. Im Jahr zuvor hatte ich in der gigantischen Stiftsruine von Hersfeld ebenfalls Brecht gespielt, nämlich die »Grusche« im »Kaukasischen Kreidekreis«, und so war ich doppelt begeistert über die wunderbare Intimität dieses kleinen Juwels von einem Kreuzgang.

Die Arbeit war nicht allzu schwer, da ich die Rolle kürzlich gespielt hatte, nur mußte ich mich etwas umgewöhnen: die Musik kam vom Band, der berühmte Marketenderwagen hatte wegen der schmalen Bühne nur Miniformat und konnte auch nicht gezogen werden wie auf einer Drehbühne, sondern ein junger Kollege saß versteckt hinter dem Wagen und betätigte die Räder von Hand, während wir, die »Courage und ihre Kinder« munter singend pantomimisch marschierten.

Die Stimmung war überwiegend fröhlich, das Wetter spielte mit, und als die Premiere gut gelaufen war, gaben mir freie Tage und Abende, an denen das zweite Stück, »Der Diener zweier Herren«, gespielt wurde, die Möglichkeit, die herrliche Gegend zu erkunden, und auch die Nachbarstädte Dinkelsbühl, Rothenburg, Crailsheim, Ansbach usw. teils neu, teils wiederzusehen. Meine Familie besuchte mich, meine Tochter verbrachte einen Teil ihrer Schulferien bei mir, es wurde geschwommen, gewandert, Blaubeeren gepflückt.

Zur Stärkung vor den Vorstellungen hatte der Kollege, der den »Feldkoch« spielte, in der »Villa Wahnsinn« – so nannten wir das kleine Garderobenhaus – ein gemütliches Kaffeestübchen eingerichtet und versorgte uns mit frischem Kaffee und belegten Brötchen, und an kalten Abenden brachte ich für alle, die den Kreuzgang während der Vorstellung nicht verlassen konnten, eine extra große Thermoskanne »Spezialtee« mit, der neben Honig und Zitrone kräftig nach Rum duftete.

An einem der »freien« Abende verzog ich mich zur Stärkung meines Immunsystems am frühen Abend in die Sauna, hatte schon zwei Gänge kräftig geschwitzt, als ein aufgeregter Regieassistent erschien, mich aus dem Schwitzkasten holen ließ, und mir dringend nahelegte, gleich in den Kreuzgang zu kommen und »Courage« zu spielen, da die Hauptdarstellerin aus dem »Diener« plötzlich erkrankt sei, und deshalb die Vorstellung geändert werden müsse. Ich glaube, an dem Abend habe ich sicher zwei Kilo abgenommen.

Die einzige verregnete Vorstellung war die letzte. Doch das Publikum blieb eisern sitzen, in Plastiktütchen gehüllt, – es gab ja damals noch keine Regenausweichmöglichkeit – der Aktionskreis von uns Schauspielern verringerte sich immer mehr unter das schützende Dach des die Bühnenmitte beherrschenden Baumes, und der heiße »Rumtee« hielt uns bis zuletzt bei guter Laune.

Auf meinen Tourneen verführe ich meine Kollegen, sobald wir uns im mittelfränkischen Raum befinden, zu einer Mittagspause in Feuchtwangen.

Man sagt nicht umsonst, daß es den Täter immer wieder an den Ort seiner Tat zurückzieht.

Eva Kotthaus in der Hauptrolle von »Mutter Courage und ihre Kinder« 1984

Bruni Löbel

Bruni Löbel spielte:

1979 Celestina, die Kupplerin in: Frisch »Don Juan oder die Liebe zu Geometrie«.

Als ich im Sommer 1979 in Feuchtwangen die »Celestina« in Max Frischs »Don Juan oder die Liebe zur Geometrie« spielte, hatte ich ein alptraumhaftes Erlebnis. In dieser Zeit war ich nämlich vorrangig in einer Fernsehserie in München verpflichtet, aber für mein Feuchtwanger Gastspiel beurlaubt worden. Nun hatten jedoch unvorhersehbare Probleme solche Schwierigkeiten für die Produktionsfirma gebracht, daß sie sich gezwungen sah, mich zurückzupfeifen. Was tun?

Folgendes wurde vereinbart: Sobald ich allabendlich in Feuchtwangen meinen letzten Satz auf der Bühne »abgeliefert« hatte, sprintete ich – nach einem Kleiderwechsel von maximal drei Minuten – zu dem vor dem Bühneneingang bereitstehenden Mercedes der Filmfirma, gefolgt von der Garderobiere, die mir noch im Laufen die rote Perücke vom Kopf riß und mir Abschminkmaterial in den Wagen nachwarf. Und los ging's nach München. Dort mußte ich nach kurzem Halbschlaf im Auto und ca. vier Stunden Schlaf daheim um sechs Uhr bereits wieder aufwachen, um rechtzeitig am Drehort zu sein. Nach Drehschluß wurde ich wieder zurückgefahren und kam meist knapp vor Vorstellungsbeginn an. Grünes Kleid! Rote Perükke! Rauf in den ersten Stock! Fenster auf: »Heul nicht, sag ich! Und red' mir keinen Kitsch. Wenn Du nicht weißt, was sich gehört für eine Dirne: hier ist Dein Bündel.« Und so weiter. Nach der Vorstellung: Siehe oben.

Dieses »Spiel« wiederholte sich fünf Tage und Nächte hintereinander, an deren Ende ich ein ziemliches Nervenbündel war, aber auch selig, daß diese Strapaze nun hinter mir lag und ich endlich nach der Vorstellung wieder in mein Quartier kommen und AUSSCHLAFEN konnte. – Am folgenden Tag war um elf

Bruni Löbel als »Celestina« (rechts) und Edda Pastor als »Miranda« in »Don Juan oder die Liebe zur Geometrie« 1979

Uhr eine Matinee angesetzt. Also stellte ich den Wecker auf neun Uhr, bevor ich wie ein Stein ins Bett fiel und auf der Stelle fest einschlief. Geweckt wurde ich dadurch, daß jemand unverschämt an mein Fenster hämmerte und dabei hysterisch schrie: »Frau Löbel, um Gottes Willen, aufwachen! Die Vorstellung läuft schon!« – In zwei Minuten saß ich – mit dem Mantel überm Pyjama – völlig verstört im Fond des Wagens, den man mir geschickt hatte, und versuchte vergebens, mich während der Fahrt ordentlich anzuziehen. Bei der Ankunft im Theater muß ich den Eindruck gemacht haben, als sei ich gerade einer Vergewaltigung entgangen. – Raus aus dem Pyjama, rein ins grüne Kleid. Die Perücke stülpte ich mir während des Laufens zum ersten Stock über, schmierte mir ohne Spiegel Rouge auf die Wangen, und öffnete, pünktlich aufs Stichwort, das Fenster: »Heul nicht, sag ich … !« Es lief wie am Schnürchen. – Als ich aber die Treppe für den zweiten Auftritt hinunterstieg, fühlten sich meine Knie an wie Pudding. Und dann kam die Alptraumsituation: Mein weiterer Text war in ein schwarzes Loch gefallen. Als man mich auf die Bühne schob: »Los, Du bist dran!« brachte ich mühsam einen halben Satz heraus, dann fiel ich selbst noch in das schwarze Loch.

Als ich auf einer Pritsche hinter der Bühne wieder zu mir kam, hörte ich, wie jemand draußen meinen Text aus dem Rollenbuch vorlas! Panik: »Ich muß ja raus!« Zunächst wollte man mich nicht mehr auf die Bühne lassen. Aber ich setzte mich durch und spielte, nun wieder bei Kräften, das Stück zu Ende, vom Publikum mit freundlichem Applaus empfangen. Das tat wohl und baute mich wieder vollkommen auf. Und nach der Vorstellung mußte ich nun nie mehr in den Mercedes sprinten. Welche Erleichterung!

So etwas darf ich mir nie wieder zumuten, schwor ich mir … na ja … bis zum nächsten Mal. Denn es ist etwas dran an dem drastischen Spruch: »Wenn man einen Schauspieler dringend braucht, dann schneidet man ihn noch vom Galgen ab …«.

Ellen Schwiers

Ellen Schwiers spielte:

1981 Titania/Hippolyta in: Shakespeare »Ein Sommernachtstraum«. Wjasopuricha, eine Stute in: Rosowskij »Geschichte eines Pferdes«.

Eines Tages erreichte mich ein Anruf von Joachim Fontheim, dem damaligen Intendanten der Kreuzgangspiele. Er versuchte, mir die Rolle der Stute Wjasopuricha in »Die Geschichte eines Pferdes« schmackhaft zu machen. Ich kannte weder das Stück noch den Spielort. Bei nächster Gelegenheit fuhren mein Mann und ich in Feuchtwangen vorbei; es war eine dröge Zeit – so zwischen Winter und Frühling – kein Mensch bei dem Nieselwetter auf der Straße. Wo ist bloß dieser Kreuzgang? Wir recherchieren auf eigene Faust und werden fündig links neben der Kirche. Ich protestiere: Das kann er nicht sein! Wie will man denn hier Theater spielen! und da hurtet die einzige Menschenseele, die wir an diesem trüben Tag zu Gesicht bekommen vorüber und reagiert empört: »Oh ja, hier spielt man Theater und zwar schon lange und sehr gut.« Ich bin verblüfft: Da ist nur ein winziger Hof, zwei Eibenbüsche, zwei Kornelkirschen, eine Art Barockgärtchen mit Buchsbaumeinfassung und ein paar Mauerbögen in Fenstergröße. Und da will der Fontheim Festspiele machen?? Ich lese das Stück und sage NEIN: die Rolle ist winzig, der Spielraum ebenso, so wird wohl auch die Gage sein und ich habe eine Familie zu ernähren. Fontheim läßt nicht locker, er erklärt mir die Inszenierung, außerdem soll ich ja auch im Sommernachtstraum spielen, die Titania und die Hippolyta, den Sommernachtstraum kenne ich natürlich. DIESEN Shakespeare auf DER Bühne? Das grenzt an Größenwahn. Ich bleibe beim NEIN. Und da steht Fontheim eines Tages vor der Tür, ist von Krefeld nach München gekommen. Wortgewaltig und überzeugend erklärt er das mir unbekannte Stück. Ich muß ein Pferd spielen – wie macht man das? Doch, das geht, das funktioniert, in Graz war es ein Riesenerfolg. Natürlich sind die Bewegungsabläufe zu trainieren, aber da hat er

Ellen Schwiers als »Wjasopuricha, eine Stute«, Gunter Malzacher, Matthias Fontheim und Melchior Morger als Pferde in »Geschichte eines Pferdes« 1981

zen. Und dann habe ich begeistert die Stute gespielt, getrabt, und gesungen und der SOMMERNACHTS-TRAUM war auch eine Freude und der Kreuzgang war in seiner Intimität und Begrenzung eine wunderbare Spielstätte. Und in den Wäldern ringsum wuchsen herrliche Pilze, mein Quartier auf dem Aussiedlerhof war ganz nach meinem Herzen und die Wirtsleute wurden meine Freunde. Und die reichlich konsumierten köstlichen Torten im Café Kreuzgang haben die allabendlichen abgetrabten Pfunde wieder ausgeglichen. Kurz und gut: ich erlebte einen wundervollen Sommer und als sich »DIE GESCHICHTE EINES PFERDES« herumgesprochen hatte, wurde es auch da noch bumsvoll im Theaterhof – der »SOMMER-NACHTSTRAUM« war sowieso ein Renner.

Hoch sollen sie leben, diese mutigen kleinen, großen Festspiele unter freiem Himmel, und vielen Machern und Zuschauern jetzt und in Zukunft soviel Freude bereiten, wie ich sie hier vor 17 Jahren erleben durfte.

Melchior Morger

Melchior Morger spielte:

1981 Schlucker in: Shakespeare »Ein Sommernachtstraum«. 1982 Jeannes Bruder/Der Wächter/Der Henker in: Anouilh »Jeanne oder die Lerche«. Lanz, Diener des Proteus in: Shakespeare »Zwei Herren aus Verona«. 1983 Rosenkranz in: Shakespeare »Hamlet«. Don Gusman Gimpelwitz in: Beaumarchais »Der tolle Tag«. 1987 Spiegelberg in: Schiller »Die Räuber«. Christoph Schlau/Ein Kesselflicker in: Shakespeare »Der Widerspenstigen Zähmung«. 1988 Giuseppe in: Goldoni »Mirandolina«. Clown in: Shakespeare »Othello«. 1991 Graf von Kent in: Schiller »Maria Stuart«. Argan in: Molière »Der eingebildete Kranke«. 1992 Der Erzbischof in: Anouilh »Becket oder die Ehre Gottes«. Fortunatus in: Nestroy »Die Träume von Schale und Kern«. Räuber Hotzenplotz in: Preußler »Der Räuber Hotzenplotz«. 1993 Squenz in: Shakespeare »Ein Sommernachtstraum«. Die Muhme Rumpumpel in: Preußler »Die kleine Hexe«.

einen wunderbaren Choreographen, und singen muß ich auch. Die Rolle wird groß und größer und vor allem: höchst interessant. Nach zwei Stunden sage ich JA und habe etwas gelernt: nämlich daß man mit Hartnäckigkeit eine Menge erreichen kann. Diesen Fontheim-Trick habe ich dann selber angewandt, wenn es galt, zögerliche Kollegen nach Jagsthausen zu schwat-

Vor siebzehn Jahren war ich das erste Mal in Feuchtwangen engagiert. Ich spielte den Mondschein im

»Sommernachtstraum«. All die Jahre, in denen ich bei den Kreuzgangspielen mitwirkte (bis 1993 achtmal) bekam ich zu hören »Schau der Mond ist wieder da«.

Diese Treue des Publikums war für mich schon Grund genug, so oft in Feuchtwangen zu spielen. Dazu kam, daß mir die Intendanten Joachim Fontheim und Imo Moszkowicz immer wieder schöne Rollen angeboten haben.

An einige dieser Rollen denke ich mit besonderem Vergnügen zurück, so zum Beispiel an dem schon erwähnten Mondschein unter der Regie von Pavel Fieber, der mich 1995 an das Pfalztheater Kaiserslautern engagierte. Ich weiß noch, wie es vor der Premiere ein Gewitter gab. Als es aber zu Beginn der Vorstellung aufhellte, strahlte der Kreuzgang, der ja an sich schon eine traumhafte Atmosphäre besitzt, in einem besonderen Glanz.

Ich denke auch an »die beiden Veroneser«, da habe ich als Lanz einen Bodenlappen als Hund an einer Leine hinter mir hergezogen. Gern erinnere ich mich auch an den alten Giuseppe in »Mirandolina«, an den Spiegelberg in »die Räuber«, an den »eingebildeten Kranken« (obwohl diese Arbeit schwierig war). 1992/ 93 hatte ich das Glück, daß meine Lebensgefährtin und Regisseurin Marie-Rose Russi mit mir zusammen engagiert war. Unter ihrer Regie spielte ich den »Räuber Hotzenplotz« und in »Die kleine Hexe« die Muhme Rumpumpel, sowie im Sängermuseum das Einmannstück »Zwei Abenteuer des Lemuel Gulliver«.

Die Jahre in Feuchtwangen möchte ich nicht missen, da ich viele liebenswürdige und nette Menschen kennengelernt habe. Auch denke ich an die Abende und manchmal auch Nächte heißer Diskussionen mit Kollegen und Kolleginnen, an das Altstadtfest, an gebakkene Karpfen und vieles andere mehr.

Ich gratuliere den Kreuzgangspielen zum 50-jährigen Jubiläum und wünsche ihnen noch viele schöne und erfolgreiche Jahre.

Melchior Morger als »Hotzenplotz« in »Der Räuber Hotzenplotz« 1992

Hans Korte

Hans Korte inszenierte 1984 Shakespeares »Viel Lärm um nichts«
und spielte den Kardinal in Brechts »Leben des Galilei«.

Ich liebe alte deutsche Kleinstädte.

Sie haben Anfang und Ende. Sie sind nicht entartet zu
Industriestandorten, Großbankensitzen, sie haben keine Messezentren und keine U-Bahn-Verbindung zu
irgendwelchen Airports.

Hans Korte

Nein, wenn man sie betritt – womöglich noch durch
ein altes Stadttor – dann kann man, wenn man will,
sinnlich erfahren, was das ist: Vergangenheit und Ver-
gänglichkeit, Geschichte und Geschichten. Seltsame
Schönheiten kann man entdecken und scheinbar Frem-
des, das doch so merkwürdig vertraut ist. Solche kleinen Städte sind Kostbarkeiten in unserer immer glo-
baler werdenden Welt. Sie sind wie Haltestellen auf
unserer Reise in die schiere Schrankenlosigkeit.
Feuchtwangen ist so ein »bus-stop«. In seinen Kreuzgangspielen wird diese Aufforderung zum Innehal-
ten auf höchst angenehme Weise ganz deutlich. In diesen »Kammerspielen« unter den deutschen Freilichtbühnen sitzt man in einem offenen und doch erstaun-
lich intimen Raum, der zu höchster Konzentration
verführt. Und es entsteht in aller Stille, in fruchtbar-
ster Ruhe, Theater – das heißt: komprimiertes Leben,
Abbilder der Welt, Begegnung mit uns selbst. Hier ist
Theater an seinem Ursprung. Fern aller technisch per-
fekten Hilfsmittel erzählen hier lebendige Menschen
Geschichten, die uns hinter die Wirklichkeit gucken
lassen, da wo die Wahrheit versteckt ist, wo die Fenster des Bewußtseins weit aufgestoßen werden. Dieser wunderschöne Kreuzgang liegt mitten im Städt-
chen, integriert in den Alltag. Und so findet hier statt,
was wir in den übrigen Wirtschaftsstandorten immer
mehr vermissen: Menschen gehen aufeinander zu, re-
den miteinander, hören einander zu und legen ihren
Panzer aus Egozentrik ab – fahren ihre Ellenbogen ein.
Feuchtwangen und sein Verzauberungskreuzgang ist
ein kleines Kraftwerk für Kopf und Herz.

Wie sagt unser aller Goethe:
»Hier bin ich Mensch, hier darf ich's sein!«

Alexander May

Alexander May inszenierte 1989 das Kinderstück König Drossel-bart und spielte im selben Jahr den Kurfürst Friedrich Wilhelm von Brandenburg in Kleists »Prinz Friedrich von Homburg«.

Märchennacht mit Fledermäusen

In seiner ersten Spielzeit ließ mich Imo Moszkowicz ein Märchen inszenieren. Wir hatten uns den Stoff »König Drosselbart« ausgesucht.

Das Stück sollte im Stil der Commedia dell' arte gespielt werden.

Der Intendant hatte Schauspieler engagiert, die sehr musikalisch waren. Eine Schauspielerin komponierte die Musik. Ihre Lieder sangen die Kinder manchmal auf der Straße.

Unsere Aufführung war gut besucht. Nur die Erwachsenen konnten die Aufführungen, die vor- und nachmittags stattfanden, nicht sehen. Sie hatten keine Zeit. Da wurde vom Ensemble vorgeschlagen, eine Nachtvorstellung einzuschieben. Bürgermeister und Intendant fanden den Vorschlag gut.

Die Vorstellung wurde also angesetzt. Die Schauspieler malten Plakate, ließen Handzettel drucken, die Presse schrieb über das Vorhaben, und das regionale Radio wies immer wieder auf diese Vorstellung hin.

Aber der Vorverkauf blieb schwach. Da meinten einige, daß Aufführungen um Mitternacht für das Feuchtwanger Publikum eben zu spät seien.

Und dann kam die Drosselbart-Nacht. Vor der Kasse drängte sich das Publikum. Immer mehr Leute kamen.

Die Schauspieler spielten in dieser warmen Sommernacht mit dem Charme und der Leichtigkeit einer italienischen Commedia dell' arte-Truppe. Es gab Szenenapplaus, und die Lieder wurden mitgesungen. Zwei Fledermäuse, erstaunt über das viele Licht zu dieser Zeit, schwebten souverän über die Bühne. Auch sie bekamen Applaus.

»König Drosselbart« in der Inszenierung von Alexander May 1989

Da Drosselbart von der Liebe handelt, jener Liebe zwischen Mann und Frau, die sich alle als ewig-dauernd wünschen, kam das Publikum – so ist es mir in der Erinnerung – in eine romantische Stimmung. Und Stimmungen dieser Art übertragen sich, geben Gemeinschaften vorübergehend ein Glücksgefühl. Und dieses Glücksgefühl kommt zurück, wenn ich an die Kreuzgang-Nacht mit dem alten Märchen denke.

Zu sagen ist noch: Die Einnahmen wurden ohne Abzüge der deutschen Lebenshilfe übergeben. Der Bürgermeister machte es möglich.

April Hailer

April Hailer spielte:

1990 Estrella in: Calderón »Das Leben ist Traum«. 1990/91 Lilly Vanessi (Katharina) in: Spewack/Porter »Küß mich Kätchen«.

Sommer 1990 »Kiss me Kate« – Bilder

Ankunft in einer Puppenstadt. Bauerngärten. Mal rumgucken, »es« einkreisen. Ein Klösterchen-Komplex mit Torbogen. Zukünftige Kollegen samt Qualm und

April Hailer als »Lilly Vanessi/Kätchen« in »Küß mich Kätchen« 1990, links Peter-Uwe Arndt und Claus Brockmeyer als »Ganoven« und Roman Frankl als »Fred Graham/ Petrucchio«

Jargon in einem proper restaurierten Raum: »… und dann hab' ich ihm einen Franz Moor hingeknallt! Hi, duuu bist die Kate? Die Steeger is' übrigens genau wie im Fernsehen.«

Kostümprobe: so ein »auf-dem-Dachbodengefühl«, aus Nix was machen, die Schneiderinnen sind hochmotiviert und topfit. Und für das Vanessi-Kostüm, das nun wirklich nach Hollywood aussehen muß, fahren wir in die große Welt, nach Nürnberg. Es wird Jil Sander, second hand.

Proben, Sonnenbrand, Improvisieren, Mückenstiche, Initiative, lange Unterhosen unterm Reifrock.

Vorstellungen beginnen im Hellen, langsam wird es dunkel, es ist wie Aufatmen, die »Illusion« wächst, und im letzten Drittel geht wirklich der Mond auf. Leidenschaftliches Spielen, fast kindlich oder ursprünglich, mit Lust und 150 %. Und zum Auftritt hüpft man schon mal gar nicht ladylike über ein Mäuerchen oder duckt sich beim Abgang hinter eine Säule und sieht Fledermäuse vorbeisurren.

Sinnlichkeit pur. Ich glaube, auch für die Zuschauer.

Ein paar Mal, als wir heimgehen, spielt jemand nach Mitternacht in der Stiftskirche Orgel.

Und einmal regnets, richtig. Wir rutschen bei den Tanznummern, das Kostüm klebt, die Schminke läuft. Wie immer, auf der Bühne friert man nicht, merkt es nicht. Vor dem vollgesogenen Polstersessel allerdings drücke ich mich, da wird die Szene auf Stehenbleiben umdisponiert. Und dann ein kollektives Jauchzen im Zuschauerraum, als dem auftretenden Kollegen ein »nehmen Sie doch Platz« zugeflötet wird. Was dann folgt ist zirkusreif.

Erst als keiner, wegen der prasselnden Regentropfen auf Schirmen und Regenhauben, mehr irgendetwas versteht, müssen wir aufhören.

Tja … sinnlich.

Volkmar Kamm

Volkmar Kamm inszenierte 1994 das »Dschungelbuch« und 1995 »Cinderella«.

Premiere »Dschungelbuch«. Fünf Darsteller spielen 23 Rollen. Wer nicht auf der Bühne herumturnt, zieht sich in Eile um. Was mindestens genauso anstrengend ist.

Plötzlich beginnen die Glocken der Stiftskirche zu läuten. Man hatte vergessen, sie abzustellen, wie sonst bei Vorstellungen üblich. Die Schauspieler brüllen dagegen an. Vergeblich.

Endlich ist wieder Ruhe. Der Darsteller des Elefantenoberst Hathi beendet genervt seine Szene. Er geht ab und rast zur improvisierten Garderobe hinter der Bühne. Er reißt sich den Elefanten vom Leib und zwängt sich in den Affen – und erstarrt: eben fiel draußen das Stichwort, nach dem er nochmals kurz als Hathi hätte auftreten müssen. Erwartungsvolle Stille auf der Bühne. Der Arme rast zurück – und es erscheint ein merkwürdiges Zwitterwesen, wie es noch kein Dschungel-(buch) sah: Elefantenhaupt auf Affenleib.

Beim Hinausgehen streiten sich zwei Knirpse: war das ein Affenelefant oder Elefantenaffe? …

Ein Jahr später. Premiere »Cinderella«. Die Ballgäste bei Hofe tragen gasgefüllte Luftballons. Der verspielte, kindliche König will sie alle für sich alleine haben und sammelt sie ein.

Da droht er von der Ballontraube hinaufgezogen zu werden und muß sie auslassen. So war es geprobt und für gut befunden. Und so geschah es. Die nächsten Minuten hätten wir aufhören können. Kein Kind interessierte sich mehr für das arme Aschenputtel und die ulkige Hofgesellschaft und die pfiffige Musik – alle starrten gebannt nach oben und sahen zu, wie ein paar ganz normale, banale Luftballons aufstiegen und sich endlos Zeit ließen, um endlich zu verschwinden. Und sie überboten einander lautstark mit sachkundigen Kommentaren und tiefsinnigen Reflexionen. –

Cinderella 1975 mit Marion Pfeifer als »Anna«, Roswitha Meyer als »Cinderella«, Cordula Bach-Eberl als »Marianna« und Ilse Stöckl als »Stiefmutter«

Ich saß in der letzten Reihe, kriegte feuchte Hände und begann wieder mal zu grübeln: wozu das Theater? … Warum strengen wir uns wochenlang an …?

Die Szene wurde abgeändert.

Ich erinnere mich gern an Feuchtwangen.

Dirk Galuba als »Jedermann« und Kyra Mladek als »Tod« in »Jedermann« 1994

Dirk Galuba

Dirk Galuba spielte:

1994 Jedermann in: Hofmannsthal »Jedermann«; 1996 Major von Tellheim in: Lessing »Minna von Barnhelm«

1994, im ersten Jahr von Lis Verhoeven, war ich mit Frau und Hund »Dicke« bei Familie Schorger einquartiert und bei den Produktionen von JEDERMANN und LOVE LETTERS beschäftigt. Meine »Dicke« war bei allen Proben von JEDERMANN dabei und kannte sich bald in Feuchtwangen gut aus. Die Premiere von LOVE LETTERS fand jedoch im Sängermuseum statt, wohin ich sie nicht mitnahm, weil dort kein geeigneter »Hundeaufenthaltsraum« war. Sie blieb also oben bei Schorgers und unter deren Aufsicht.

Als ich zur Premierenfeier in die KAMINSTUBE (Hotel Greifen Post) kam, saß dort meine »Dicke« unter Aufsicht von Herrn Lechner. Was war geschehen? Die »Dicke«, gewohnt abends mit im Theater zu sein, hatte sich auf die Pfoten gemacht, um mich dort zu suchen, wo sie mich ansonsten zu Recht vermuten konnte: im Kreuzgang. Dort lief an diesem Abend: LIEBE UND KRACH IN CHIOZZA. Mitten in einer turbulenten Marktszene stand plötzlich ein schwarzer Hund auf der Bühne, schaute ein wenig verwundert umher, lief zur einen Seite, dann zur anderen, fand nicht, was sie suchte, ging vor an die Rampe, schaute ins Publikum - um dann seelenruhig wieder zu verschwinden. Herr Lechner nahm sich dann ihrer an, und so kam sie wenigstens noch rechtzeitig zur Premierenfeier.

Marianne Lindner

Marianne Lindner spielte:

1994 Jedermanns Mutter in: Hofmannsthal
»Jedermann«

DIE KREUZGANGAMSEL

Auf der Lehne vorn am Stuhl
in der zehnten Reih'
hockt a Amsel in aller Ruah,
seit fünf Jahr, sag'n 's
is de scho dabei
und g'hört zum Theater dazua.

Von den Kreuzgangspielen
is die Red'
in Feuchtwangen, im Sommer jed's Jahr,
und wenn's im Mai
mit die Proben o'geht
da is die Amsel der Star.

Alloa sitzt 's drobm
im Zuschauerraum,
dreht 's Köpferl hin und her
und ko aber scho
so varreckt schaug'n,
als waar sie der Regisseur.

Hie und da schimpft's
oder singt recht schee.
Und was der Amsel g'fallt,
des mög'n d'Leit aa,
da konn ma drauf geh.
Hoffentlich werd's no recht alt

und erlebt noch viele
Kreuzgangspiele.

*Marianne Lindner als »Jedermanns Mutter« mit Dirk Galuba in
»Jedermann« 1994*

EINEN Feuchtwanger gibt es, ohne den kann man
sich die Kreuzgangspiele überhaupt nicht vorstellen.
Im Programm steht er als Technischer Leiter und das
heißt, er kümmert sich um die manchmal schwierige
Verwirklichung von dem, was sich die Damen und
Herren von der Regie so einbilden. Und außerdem hilft
er einfach überall mit. Als es einmal während der Vorstellung zu regnen angefangen hat – wer steht mit einem Schirm am Bühnenausgang, wenn ein Schauspieler um die Kirche herum zum Auftritt auf der anderen Seite muß: der Herr LECHNER.

Fritz Karg / Marianne Kummer

Das Café am Kreuzgang

Mitten auf dem Marktplatz – und mitten im Geschehen der sommerlichen Spiele – liegt das CAFÉ AM KREUZGANG, mehr noch, es gehört dazu, es bildet seine Ostseite. Aus den großen Fenstern dort sieht man direkt auf die romanischen Bögen.

Ab Mai sind die Tische an diesen Fenstern der schönste Logenplatz, denn da kann man zusehen, wie geprobt wird, da bekommt man schon ein bißchen mit von dem, was dann vom Juli bis in den August hinein allabendlich über die schmale Bühne gehen wird.

Im Sommer wird das Café am Kreuzgang zum Kommunikationszentrum, zum Umschlagplatz der täglichen Geschehnisse, zur Nachrichten- und Gerüchtebörse. Da sitzen die Schauspieler zwischen und nach den Proben, da macht Herr Schifferdecker seine Interviews, da kommt Herr Lechner nie zu seiner verdienten Verschnaufpause, weil immer einer etwas von ihm will, da pulsiert bis ein Uhr nachts das (Theater-)Leben wie in Goldonis »Kaffeehaus«.

Und mittendrin der »Padrone«, Herr Karg, der natürlich alles miterlebt, was da zwischen Kreuzgang, Verkehrsamt, Organistenhaus und Kasten passiert.

›Geschichten aus dem Kreuzgang« könnte er schreiben, Geschichten, die sein Gästebuch erzählt, von der Zeit an,

– als noch die Fanfarenbläser auf dem Marktplatz die Spiele eröffneten;

– als in den ersten Jahren die Gründungsmitglieder die Schauspieler als ihre Gäste beherbergten;

– als bei den Mysterienspielen die Stiftskirche noch »mitspielte«, aus deren geöffneten Fenstern der volle Orgelklang strömte;

– als die Requisiten noch aus dem Museum beschafft wurden.

Im ersten Jahr wurde für die Gretchentragödie der echte Brillantschmuck der Frau Senatspräsident Scheidemandel ausgeliehen, um Gretchen zu betören. Nach der Premiere hattte man vergessen, ihn zurückzugeben – aber er lag auch am anderen Morgen noch am selben Platz unter dem Baum, wo Gretchen ihn bewundert hatte.

Die Liebespaare aus den Aufführungen im Kreuzgang wurden manchmal Eheleute in der Wirklichkeit: Petrucchio heiratete seine widerspenstige Katharina, Jedermann seine Buhlschaft.

Sowohl Hans Clarin wie Fritz Karg hingen die Königsberger Klopse zum Hals heraus, die der eine als Truffaldino im »Diener zweier Herren« täglich essen und der andere täglich für ihn kochen mußte.

Alexander May vergaß nie den herrlichen Sahneschaumberg, der für das Märchen fabriziert wurde, und holte sich später das Rezept für das notwendige Treibmittel.

Die rote Haarpracht der Rosel Zech, als sie als Olivia den Schleier zurückschlug, ist im Gedächtnis geblieben, ebenso wie die überall in den oberen Räumen des Cafés (dessen Fenster in das Spielgeschehen einbezogen waren) abgelegten Zigarettenkippen der Grete Zimmer.

Sparen mußte man immer schon: die leider ja manchmal notwendigen Regenhauben für das Publikum wurden nach der Vorstellung eingesammelt, gewaschen und im Kreuzgang zum Trocknen aufgehängt.

Ein Schauspieler fuhr eines Tages zu heftig den Berg herunter und fiel für die Vorstellung aus. Er war der

Das Café am Kreuzgang

elegante Prinz im Märchen. Ein Kollege sprang für ihn ein, der seiner Leibesfülle wegen in allen Rollen immer ein speziell für ihn angefertigtes, eigenes Kostüm trug. Leider war der Prinz an diesem Tag nicht elegant, sondern ziemlich komisch.

Zwei Julien fielen aus: die eine bekam eine Blinddarmentzündung und mußte ersetzt werden; die andere glitt hinter der Bühne aus, brach sich das Nasenbein und spielte die Vorstellungen weiter.

Ein Schauspieler war ein gelernter Konditor. Er ruhte nicht, bis er in Fritz Kargs Backstube eine Schwarzwälder Kirschtorte backen und sie dann selber im Café verkaufen durfte.

Bei »Käthchen von Heilbronn«, als der Engel Käthchen aus der brennenden Burg trug, gab es wirklich einmal Qualm und Rauch, weil tatsächlich fast ein Feuer ausgebrochen wäre.

Und Kargs kleine Tochter vergnügte sich eines Abends damit, aus dem Fenster Kirschkerne auf das Publikum zu spucken, die das weiße Hemd eines Zuschauers mit hübschen roten Tupfen verzierten.

»Geschichten aus dem Kreuzgang« … , sie nähmen kein Ende, wenn ihnen nicht die begrenzte Seitenzahl dieser Festschrift einen Schlußpunkt setzte.

KREUZGANGSPIELE FEUCHTWANGEN 1949–1998

ABBILDUNGEN UND SZENENFOTOS

Herbert Scherreiks, Bühnenentwurf zu Hofmannsthal »Jedermann« 1994

DER
WOLF

Bert Schifferdecker, Kostümentwurf zu Grimm/Rudorf »Rotkäppchen und der Zauberer Timpetu« 1991

Herbert Scherreiks, Kostümentwurf zu Hofmannsthal »Jedermann« 1994

BALU:

Detler Morean

Alle Kostümteile
aus Teddybär-
pelusch

DSCHUNGELBUCH

roter Luftballonschwanz!

Alfred Peter, Kostümentwurf zu Weber/Kipling »Das Dschungelbuch« 1994

Thomas Pekny, Kostümentwurf zu Lessing »Minna von Barnhelm« 1996

Gralf Edzard Habben, Kostümentwurf zu Beaumarchais »Der tolle Tag« 1998

Prospekt der Arbeitsgemeinschaft Deutscher Festspielorte

1975 Grimm/Stelter »Aschenputtel«

1977 Osborn »Tod im Apfelbaum«

1981 Rosowskij »Geschichte eines Pferdes«

1984 Brecht »Leben des Galilei«

1985 Lindgren »Pippi Langstrumpf«

1989 Kleist »Prinz Friedrich von Homburg«

1990 Spewack/Porter »Küß mich, Kätchen«

1991 Schiller »Maria Stuart«

1994 Hofmannsthal »Jedermann«

1994 Goldoni »Liebe und Krach in Chiozza«

1994 Weber/Kipling »Das Dschungelbuch«

1995 Brecht/Weill »Die Dreigroschenoper«

1995 Schwarz/Grimm »Cinderella«

1996 Dürrenmatt »Der Besuch der alten Dame«

1996 Lessing »Minna von Barnhelm«

1996 Preußler »Die dumme Augustine«

1997 Schiller »Don Carlos«

1997 Rodgers, Hammerstein »Der König und ich«

1949 Goethe »Faust - Gretchentragödie«

1950 Shakespeare »Was ihr wollt«

1951 Hofmannsthal »Das große Welttheater«

Bayer. Justizminister Dr. Josef Müller (Mitte) beim Besuch der Kreuzgangspiele 1951

1952 Calderón »Der Richter von Zalamea«

1953 Kleist »Käthchen von Heilbronn«

1954 Hofmannsthal »Jedermann«

1955 Shakespeare »Macbeth«

1956 Lauckner »Hiob«

1957 Hausmann »Der dunkle Reigen«

1958 Goethe »Faust I«

59 Goethe »Egmont«

1960 Molière »Der Geizige«

1961 Shakespeare »Romeo und Julia«

1962 Grillparzer »Medea«

1963 Anouilh »Antigone«

1964 Shakespeare »Der Widerspenstigen Zähmung«

1965 Schiller »Die Jungfrau von Orleans«

1967 Tirso de Molina »Don Gil von den grünen Hosen«

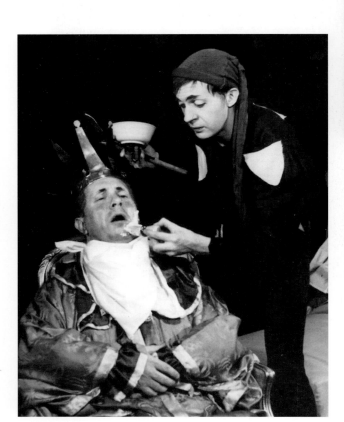

1966 Hauptmann »Schluck und Jau«

1968 Shakespeare »Der Kaufmann von Venedig«

1969 Schiller »Wallenstein«

1970 Shakespeare »Die lustigen Weiber von Windsor«

1971 Goethe »Urfaust«

1971 Rostand »Cyrano de Bergerac«

1972 Nestroy »Lumpazivagabundus«

1973 Kleist »Der zerbrochene Krug«

1974 Nestroy »Einen Jux will er sich machen«

1975 Moreto »Donna Diana«

1976 Kotzebue »Die deutschen Kleinstädter«

1976 Feuchtwanger »Marie Antoinette« (Die Witwe Capet)

1976 Grimm / Stelter »Das tapfere Schneiderlein«

1978 Goldoni »Diener zweier Herren«

1979 Frisch »Don Juan oder die Liebe zu Geometrie«

1979 Shakespeare »Was ihr wollt«

1980 Higgins »Harold and Maude«

1982 Anouilh »Jeanne oder die Lerche«

1982 Mandozzi /Bücker /Nola »Eine kleine Zauberflöte«

1983 Shakespeare »Hamlet«

1983 Preußler »Der Räuber Hotzenplotz«

1984 Brecht »Leben des Galilei«

1984 Preußler »Die kleine Hexe«

1984 Shakespeare »Viel Lärm um Nichts«

1985 Goethe »Urfaust«

1985 Shakespeare »Die lustigen Weiber von Windsor«

1986 Lessing »Nathan der Weise«

1986 Shakespeare »Der Sturm«

1986 Dorst »Amely, der Biber und der König auf dem Dach«

1987 Schiller »Die Räuber«

1987 Shakespeare »Der Widerspenstigen Zähmung«

1988 Goldoni »Mirandolina«

1988 Shakespeare »Othello«

1989 Kleist »Prinz Friedrich von Homburg«

1989 Shakespeare »Komödie der Irrungen«

1990 Calderón »Das Leben ist Traum«

1991 Moliére »Der eingebildete Kranke«

1992 Anouilh »Becket oder die Ehre Gottes«

1992 Nestroy »Die Träume von Schale und Kern«

1992 Preußler »Der Räuber Hotzenplotz«

1993 Goethe »Torqato Tasso«

1993 Shakespeare »Ein Sommernachtstraum«

1993 Preußler »Die kleine Hexe«

1995 Shakespeare »Romeo und Julia«

1995 Brecht »Die Dreigroschenoper«

Ministerpräsident Dr. Edmund Stoiber und Gattin im Gespräch mit Joachim Nimtz,
Liane Hielscher und Lis Verhoeven 1995

1997 Fischer-Windorf »Aladdin und die Wunderlampe«

SPIELPLÄNE

			Intendanz/Regie (Ensemble)	Besucher	Vorstellungen
1949	Goethe	Faust - Gretchentragödie	Otto Kindler	4 690	16
1950	Shakespeare	Was ihr wollt	Otto Kindler	6 520	30
1951	Hofmannsthal	Das große Welttheater	Otto Kindler	10 720	27
1952	Calderón	Der Richter von Zalamea	Otto Kindler	5 530	23
1953	Kleist	Käthchen von Heilbronn	Wilhelm Speidel	6 930	21
1954	Hofmannsthal	Jedermann	Klaus Schrader (Stadttheater Würzburg)	7 509	19
1955	Schiller Shakespeare Hofmannsthal	Kabale und Liebe Macbeth Jedermann	Klaus Schrader (Stadttheater Würzburg)	5 268	22
1956	Lauckner	Hiob	Eberhard Johow (Stadttheater Würzburg)	7 347	24
1957	Hausmann	Der dunkle Reigen	Ludwig Tiefenbrunner (Stadttheater Würzburg)	6 669	22
1958	Goethe Lessing	Faust I.Teil Minna von Barnhelm	Wilhelm Michael Mund (Schauspiel Remscheid)	9 910	24
1959	Goethe Lessing Goethe	Egmont Minna von Barnhelm Faust I.Teil	Wilhelm Michael Mund (Schauspiel Remscheid)	11 034	28
1960	Schiller Kleist Molière	Maria Stuart Der zerbrochene Krug Der Geizige	Jochen Hauer (Lore Bronner-Bühne München)	11 946	31
1961	Shakespeare Molière	Romeo und Julia Der Geizige	Jochen Hauer (Lore Bronner-Bühne München)	12 078	33
1962	Grillparzer Shakespeare	Medea Was ihr wollt	Willy Meyer-Fürst (Südostbayer. Städtetheater Landshut–Passau)	12 000	34
1963	Shakespeare Anouilh	Sommernachtstraum Antigone	Willy Meyer-Fürst (Südostbayer. Städtetheater Landshut–Passau)	16 054	38
1964	Shakespeare Hofmannsthal	Der Widerspenstigen Zähmung Jedermann	Hannes Keppler (Städtebundtheater Hof)	20 000	38
1965	Schiller Goldoni	Die Jungfrau von Orleans Zwillinge aus Venedig	Hannes Keppler (Städtebundtheater Hof)	16 000	38
1966	Schiller Hauptmann	Don Carlos Schluck und Jau	Hannes Keppler (Städtebundtheater Hof)	12 000	37

	Spielpläne		Intendanz/Regie (Ensemble)	Besucher	Vorstellungen
1967	Hofmannsthal Tirso de Molina	Das große Welttheater Don Gil von den grünen Hosen	Hannes Keppler (Städtebundtheater Hof)	13 300	41
1968	Shakespeare Grillparzer Molière	Der Kaufmann von Venedig Des Meeres und der Liebe Wellen Der eingebildete Kranke	Ludwig Bender (Südostbayer. Städtetheater Landshut–Passau)	16 000	38
1969	Schiller Molière Goldoni	Wallenstein Der Liebeszwist Der Fächer	Ludwig Bender (Südostbayer. Städtetheater Landshut–Passau)	14 500	40
1970	Hauptmann Shakespeare	Florian Geyer Die lustigen Weiber von Windsor	Alexander Golling	14 000	40
1971	Goethe Rostand	Urfaust Cyrano de Bergerac	Klaus Schlette (Südostbayer. Städtetheater Landshut)	14 000	40
1972	Calderón Nestroy	Der Richter von Zalamea Lumpazivagabundus	Hannes Keppler (Städtebundtheater Hof)	14 175	38
1973	Kleist Nestroy	Der zerbrochene Krug Der Talisman	Hannes Keppler (Städtebundtheater Hof)	16 000	39
1974	Nestroy Molière	Einen Jux will er sich machen Tartuffe	Hannes Keppler (Städtebundtheater Hof)	10 781	39
1975	Schiller Moreto Grimm / Stelter	Kabale und Liebe Donna Diana Aschenputtel	Karlheinz Komm Horst Alexander Stelter Karlheinz Komm	19 645	50
1976	Kotzebue Feuchtwanger Komm / Mors	Die deutschen Kleinstädter Marie Antoinette Das tapfere Schneiderlein	Karlheinz Komm Robert Lenkey Karlheinz Komm	22 559	50
1977	Thoma Osborn Grimm / Komm	Moral Der Tod im Apfelbaum Dornröschen	Horst Alexander Stelter Karlheinz Komm Karlheinz Komm	28 009	54
1978	Goldoni Brecht Grimm / Komm	Der Diener zweier Herren Mutter Courage und ihre Kinder Der gestiefelte Kater	Horst Alexander Stelter Karlheinz Komm Karlheinz Komm	28 882	57
1979	Shakespeare Frisch Schwarz	Was ihr wollt Don Juan oder die Liebe zur Geometrie Die verzauberten Brüder	Joachim Fontheim Helge Thoma Klaus Wagner	28 489	59
1980	Shakespeare Higgins Korschunow	Romeo und Julia Harold and Maude Die Wawuschels mit den grünen Haaren	Joachim Fontheim Ralf Schaefer Roland Bertschi	29 336	56
1981	Shakespeare Rosowskij Wood	Ein Sommernachtstraum Geschichte eines Pferdes Der Lebkuchenmann	Günther Pavel Fieber Joachim Fontheim Roland Bertschi	29 764	59

			Intendanz/Regie (Ensemble)	Besucher	Vorstellungen
1982	Anouilh	Jeanne oder die Lerche	Joachim Fontheim	7 628	22
	Shakespeare	Zwei Herren aus Verona	Friedhelm Ortmann	8 710	16
	Mandozzi / Bücker / Nola	Eine kleine Zauberflöte	Harry Niemann	11 108	23
1983	Shakespeare	Hamlet	Joachim Fontheim	9 276	19
	Beaumarchais	Der tolle Tag	Dietmar Pflegerl	8 969	19
	Preußler	Der Räuber Hotzenplotz	Peter Heeg	14 875	25
1984	Brecht	Leben des Galilei	Joachim Fontheim	8 990	20
	Shakespeare	Viel Lärm um Nichts	Hans Korte	8 858	18
	Preußler	Die kleine Hexe	Peter Heeg	16 721	24
1985	Goethe	Urfaust	Dietmar Pflegerl	7 002	15
	Shakespeare	Die lustigen Weiber von Windsor	Joachim Fontheim	12 341	22
	Lindgren	Pippi Langstrumpf	Harry Niemann	16 054	24
1986	Lessing	Nathan der Weise	Hans-Joachim Heyse	10 692	20
	Shakespeare	Der Sturm	Joachim Fontheim	6 647	17
	Dorst	Ameley, der Biber und der König auf dem Dach	Burkhard Meise	15 191	27
1987	Shakespeare	Der Widerspenstigen Zähmung	Joachim Fontheim	11 937	22
	Schiller	Die Räuber	Hans Joachim-Heyse	8 073	16
	Preußler	Neues vom Räuber Hotzenplotz	Frank Croszey	16 824	28
1988	Shakespeare	Othello	Joachim Fontheim	8 108	17
	Goldoni	Mirandolina	Carsten Bodinus	9 592	24
	Lindgren	Meisterdedektiv Kalle Blomquist	Rudolf Danker	15 881	27
1989	Kleist	Prinz Friedrich von Homburg	Imo Moszkowicz	5 121	19
	Shakespeare	Komödie der Irrungen	Erwin Ebenbauer	11 362	24
	Grimm	König Drosselbart	Alexander May	16 291	37
1990	Spewack / Porter	Küß mich, Kätchen	Imo Moszkowicz	16 034	30
	Calderón	Das Leben ist Traum	Günther Tabor	4684	10
	Pillau / Grimm	Märchen von einem der auszog, das Fürchten zu lernen	Michael Z. Hofmann	16 524	30
1991	Schiller	Maria Stuart	Imo Moszkowicz	6 088	15
	Molière / Pillau	Der eingebildete Kranke	Fritz Zecha	9 240	18
	Spewack / Porter	Küß mich, Kätchen	Imo Moszkowicz	5 206	13
	Grimm / Rudorf	Rotkäppchen	Michael Z.Hofmann	14 361	28
1992	Anouilh	Becket oder die Ehre Gottes	Imo Moszkowicz	6 490	16
	Nestroy	Die Träume von Schale und Kern	Bernd Palma	9 594	24
	Preußler	Der Räuber Hotzenplotz	Marie-Rose Russi	18 179	30
1993	Goethe	Torquato Tasso	Imo Moszkowicz	3 506	12
	Shakespeare	Sommernachtstraum	Hans Niklos	14 676	29
	Preußler	Die kleine Hexe	Marie-Rose Russi	19 153	32

Spielpläne			Intendanz/Regie (Ensemble)	Besucher	Vorstellungen
1994	Hofmannsthal	Jedermann	Lis Verhoeven	10 428	21
	Goldoni	Liebe und Krach in Chiozza	Peter Dieter Schnitzler	8 840	22
	Weber / Kipling	Das Dschungelbuch	Volkmar Kamm	22 142	37
1995	Shakespeare	Romeo und Julia	Lis Verhoeven	11 472	20
	Brecht / Weill	Die Dreigroschenoper	Jörg Hube	12 686	25
	Schwarz / Grimm	Cinderella	Volkmar Kamm	20 970	37
1996	Dürrenmatt	Der Besuch der alten Dame	Lis Verhoeven	12 971	24
	Lessing	Minna von Barnhelm	Dieter Reible	10 490	25
	Preußler	Die dumme Augustine	Dieter Gackstetter	23 495	41
1997	Schiller	Don Carlos	Lis Verhoeven	7 378	21
	Rogers / Hammerstein	Der König und ich	Peter M. Preißler	11 351	27
	Fischer-Windorf	Aladdin und die Wunderlampe	Christian Pätzold	21 662	41
1998	Goethe	Faust – Gretchentragödie	Helmut Rühl		3
	Beaumarchais	Der tolle Tag	Michael Wedekind		21
	Miller	Hexenjagd	Lis Verhoeven		19
	Ende	Jim Knopf und Lukas der Lokomotivführer	Dieter Gackstetter		40

INTENDANTEN

Wilhelm Speidel (1953)

Eberhard Johow (1956)

Otto Kindler (1949–52)

Klaus Schrader (1954–55)

*Wilhelm Michael Mund
(1958–59)*

Willy Meyer-Fürst (1962–63)

Ludwig Tiefenbrunner (1957)

Jochen Hauer (1960–61)

Ludwig Bender (1968–69)

Klaus Schlette (1971)

Hannes Keppler (1964–1967, 1972–74)

Alexander Golling (1970)

Lis Verhoeven (seit 1994)

Joachim Fontheim (1979–88)

Karlheinz Komm (1975–1978)

Imo Moszkowicz (1989–93)

REGISSEURE

1949–1952	Otto Kindler	1986–1987	Hans-Joachim Heyse
1953	Wilhelm Speidel	1986	Burkhard Meise
1954–1955	Klaus Schrader	1987	Frank Croszey
1956	Eberhard Johow	1988	Carsten Bodinus
1957	Ludwig Tiefenbrunner	1988	Rudolf Danker
1958–1959	Wilhelm Michael Mund	1989–1993	Imo Moszkowicz
1960–1961	Jochen Hauer	1989	Erwin Ebenbauer
1962–1963	Willy Meyer-Fürst	1989	Alexander May
1964–1967, 1972–1974	Hannes Keppler	1990	Günther Tabor
		1990–1991	Michael Z. Hofmann
1968–1969	Ludwig Bender	1991	Fritz Zecha
1970	Alexander Golling	1992	Bernd Palma
1971	Klaus Schlette	1992–1993	Marie-Rose Russi
1975–1978	Karlheinz Komm	1993	Hans Niklos
1975–1978	Horst Alexander Stelter	1994–1998	Lis Verhoeven
1976	Robert Lenkey	1994	Peter Dieter Schnitzler
1979–1988	Joachim Fontheim	1994–1995	Volkmar Kamm
1979	Helge Thoma	1995	Jörg Hube
1979	Klaus Wagner	1996	Dieter Reible
1980	Ralf Schaefer	1996, 1998	Dieter Gackstetter
1980–1981	Roland Bertschi	1997	Peter M. Preißler
1981	Günther Pavel Fieber	1997	Christian Pätzold
1982	Friedhelm Ortmann	1998	Helmut Rühl
1982, 1985	Harry Niemann	1998	Michael Wedekind
1983, 1985	Dietmar Pflegerl		
1983–1984	Peter Heeg		
1984	Hans Korte		

SCHAUSPIELER

Nachname, Vorname	Jahr
Ackermann, Heide	1975–77
Adam-Ertl, Anna	1971
Adler, Kai	1996
Ahlers, Werner	1977
Alt, Günter	1985–87
Altweger, Susanne	1974
André, Andrea	1973–75
Antonius, Brigitte	1972
Apel, Erwin	1961
Arndt, Jürgen	1987
Arndt, Peter-Uwe	1990/91
Arnoldy, Mizzi	1954/55/57
Arps, Karin	1991
Ashauer, Gerd	1959
Bach, Gabriele	1977
Bachl-Eberl, Cordula	1995
Bachmann, Bianca	1997
Bahle, Maria	1950
Ball, Hanns-Otto	1984
Bamberger, Edgar	1964
Barth, Andreas	1997
Bauer, Arthur	1964/66
Baum, Josef	1988
Bayr, Cornelia	1982
Beck, Heinz	1960–62/66/68/73
Beermann, Michael	1994/95
Beigel, Wolfgang	1998
Bembenneck, Lutz	1990/91
Bender, Dirk	1995/96
Bengel, Ursula	1989
Bergen, Till	1960
Berger, Joachim	1987
Bergler, Arno	1984/87/88
Bergmann, Andrea	1979
Berndt, Werner	1980
Bernhard-Carlsen, Karl	1954/55
Bernsdorff, Ulrich	1960
Bettinger, Frank	1996–98
Beyer, Beatrix	1963
Biedermann, Rudolf	1960/61
Binder, Raimund	1981
Bißmeier, Sebastian	1984
Blöcker, Kurt	1960
Bock, Helmut	1950
Bock, Paul	1968
Bode, Sigrid	1958
Bogenhauser, Traudl	1972
Bogs, Joachim	1961
Bohnens, Anke	1981
Bosshardt, Alfred	1992
Boysen, Claus	1997
Brachvogel, Nadja	1998
Branchart, Gunhild	1975/76/78
Brandstätter, Helmuth	1974
Brauneis, Katja	1991
Brees, Danny	1963/69
Briesemeister, Friedrich	1988
Brockmeyer, Claus	1987/89–91
Bronner, Lore	1960/61
Bruck, Aenne	1970
Buchholz, Karin	1970
Buchta, Andrea	1984/87
Budzinski, Anna	1962
Bülau, Kurt	1969/74/87
Burdinski, Jan	1990–93
Burg, Michael	1961
Burger, Götz	1996
Busse, Marina	1993
Calix, Ariane	1992
Calmar, Gerd	1970
Cartano, Werner	1967
Caveng, Barbara	1988
Christian, Carine	1960/61
Christmann, Elvirs	1984

Cirkel, Ursula	1966	Eckstein, Detlev	1980
Claaszen, Christian	1982	Edelmann, Otto	1972–74
Clarin, Hans	1978	Eder, Horst	1974
Claudius, Linny	1968	Eich, Hans Josef	1979
Clausnitzer, Claus Dieter	1998	Eichhorn, Gunhilt	1977
Clemens, Günter	1963	Eichmann, Freddy	1962/63
Cornelius, Rudolf	1954/55	Elingshausen, Ilse	1975/76
Cornway, Antje	1975	Elstner, Erich	1966
Cyran, Ulrich	1983	Endres, Otto Ph.	1970
Czap, Elisabeth	1954/55	Endriss, Elisabeth	1983
Dadieu, Daniela	1989/91	Engeroff, Klaus	1965
Dähnhard, Wolfgang	1985	Epperlein, Günther	1954/55
Damitz, Claus-Peter	1994/97	Erb, Ursula	1971
Dangl, Michael	1993	Ernst, Gerhard	1975–77/79
Daniel, Eleonore	1994	Esche, Gabriele	1968
Danin, Will	1968	Espel, Franz	1959
Danker, Rudolf	1988	Esser, Henny	1959
Dauscher, Susanne	1978	Exner, Markus	1994/96–98
de Maal, Theo	1969	Eysen, Mathias	1979
Dechamps, Bernd	1987	Fabig, Johannes	1967
Deeg, Renate	1997	Falk, Karl	1951
Delano, Oliver	1982	Falkenberg, Sabine	1994–96/98
Delcroix, Michael	1962/63	Fetscher, Siegfried	1970
Dembeck, Barbara	1964/66	Fink, Friedrich	1971
Denke, Karl-Heinz	1970	Fischer, Ruth	1954
Denke, Elisabeth	1970	Fischer, Rosemarie	1962/63
Dessau, Jürgen	1980/83/94	Fischer, Hannes	1976/77
Diamantstein, Judith	1986	Fischer, Ulli	1979
Dierig, Klaus	1970	Fischer, Ralf	1984
Dietz, Alfred	1971	Flickenschildt, Hilke	1984
Doberauer, Herbert G.	1952	Florow, Adela	1985/87
Dörken, Karin	1963	Folkert, Raimund	1980
Dossi, Gabriele	1995	Fontheim, Joachim	1979–88
Dräger, Hans Georg	1958/59	Fontheim, Matthias	1980/81
Dreischmeier, Anja	1996	Frank, Eva	1963
Ducci, Vera	1978	Frankl, Roman	1990/91
Ebel, Christian	1986	Franzmeier, Günter	1992

... Schauspieler ...

Frensch, Eduard	1951	Gregor, Isabella	1988
Fritz, Andreas	1977	Grewe, Karl-Heinz	1984
Frost, Karin	1973/74	Griehm, Michael	1976
Frost, Jutta	1974/91	Grimm, Michael	1975/76
Fuchs, Wolfram	1982	Grindemann, Wolfgang	1988
Fuchs, Holger	1996/97	Gring, Dieter	1998
Fürst, Gerhard	1951/52	Gröninger, Ingo	1984
Gaffron, Michael	1962	Grossart, Friedrich	1980
Gahmann, Helmut	1959	Grosser, Peter	1950–52
Galuba, Dirk	1994/96	Groth, Jan	1970
Gastell, Norbert	1960	Gruhl, Dagmar	1981
Geisler, Erwin	1972	Grüneklee, Susanne	1994
Gerder, Rudi	1959	Gundrum, Beate	1980
Gerhardt, Petra	1976/77	Gurski, Horst	1979/80
Gerling, Manfred	1978	Gustävel, Rudolf	1968/69
Geske, Dieter	1967	Haas, Claudia Maria	1991
Giesbertz, Katharina	1997	Hache, Walter	1965
Giese, Joachim	1977	Haffelt, Richard	1950
Gillitzer, Irmingard	1960/61	Hähnlein, Hans	1951/52
Giokas, Birgit	1998	Hähnlein, Maic	1976/77
Glenzer, Werner	1959	Haid, Elisabeth	1990
Glienke, Katja	1993	Hailer, April	1990/91
Gnilka, Walter	1970	Haindl, Werner	1973
Goder, Sebastian	1997	Hamacher, Eugen	1950–52
Goernemann, Rainer	1983	Hammacher, Christiane	1986
Gohde, Heidemarie	1982/87	Hampen, Cornelia	1997/98
Golling, Alexander	1969/70	Hannig, Willy	1954–57
Golling, Claudia	1969/70	Hansen, Joachim	1982
Goosmann, Ursula	1984	Hanzel, Peter	1972–74
Gorden, Paul	1975	Harnoncourt, Eberhard	1985
Gotsbacher, Ulrich	1972	Hartmann, Georg	1952
Götz, Norbert	1997	Hartmann, Rolf	1972
Graeff, Ursula	1957	Hartnagel, Ludwig	1951
Graf, Wilhelm	1975	Hauer, Jochen	1960/61
Gränitz, Uwe	1994	Haug, Jürgen	1993
Graser, Conny W.	1990/91	Hauschke, Hiltrud	1982/85/86
Grebenhof, Klaus	1970	Hay, Daniela	1998

Hecht, Gisela	1961	Hock, Reinhard	1959
Heckner, Norbert	1987	Hoeschen, Rolf	1958
Heeg, Peter	1963/83/84	Hofer, Rudolf	1962
Hegarth, Alexander	1982	Hoffmann, Lilli	1957
Heilmeyer, Renate	1982	Hoffmann, Günter	1961
Heimrich, Sonja	1991	Hoffmann, Bernd	1979
Heinlein, Engelbert	1970	Hoffmann, Peter K.	1981
Held, Oliver	1988	Hofinger, Dieter	1963/83
Held-Magney, Ferdinand	1977–79	Holub, Walter	1972
Helfer, Moritz	1990	Holzmann, Wolfgang	1978
Hellmund, Frank	1964/82	Höning, Gert	1963
Helmbrecht, Lieselotte	1949	Horz, Trude	1959
Helmholz, Frank	1983	Hübbecker, Hans	1964
Hemrich, Christoph	1986	Huber, Ulrich	1992
Henne, Godelieve	1980–82	Hul, Miroslaw	1996
Henneberg, Bernd	1971	Hummel, Hermann	1969
Herion, Ursula	1957	Imholt, Manfred	1970
Hermann, Franz	1970	Ingendaay, Michael	1971
Herrmann, Manfred G.	1982	Jahrsen, Gitta	1973/74
Herwig, Monika	1985	Janisch, Sylvia	1994
Hesse, Walter	1965	Jeck, Volker	1961
Hessenland, Dagmar	1983/85/91	Jelde, Erik	1968
Heydenreich, Susanne	1985	Johanning, Horst	1965
Heydorn, Detlef	1985	Johow, Eberhard	1956
Heyl, Burkhard	1989	Jürgen, Wolfgang	1975
Heyn, Ella	1952	Jürgensmeyer, Gottfried	1970
Heynold, Herbert	1951/52	Kaczmarek, Joanna	1997
Heyse, Hans-Joachim	1986/87	Kade, Gisela M.	1992
Heyse, Cornelia	1988	Kalinke, Maria	1951/52
Hielscher, Liane	1995	Kalun, Dirk	1958
Higl, Lesley	1998	Karas, Kurt	1950
Hildmann, Hanslutz	1971	Karner, Gerhard	1978
Himmelmann, Ruth	1962/63/68/69/71	Karrer, Gerald	1993
Himpan, Hannspeter	1985	Kastner, Gerhard	1951
Hinz, Dinah	1970	Kaufmann, Martha	1964
Hippert, Klaus	1970	Kayssler, Martin	1996/97
Hippius, Barbara	1963	Keck, Franz	1968

Kehrstephan, Reiner	1970		Kotthaus, Eva	1978
Kehrstephan, Brigitte	1970		Kottmair, Elke	1997
Keim, Ulrike	1997		Kraft, Jürgen	1968/69
Keiner, Gisela	1967		Kraft, Gisela	1973
Kerepetzki, Christian	1998		Kreipe, Marlies	1965
Kerzel, Joachim	1965		Kreutzer, Egon W.	1970
Kettenbach, Dieter	1990/91		Kromann, Herbert	1962
Kilian, Ute	1968/69		Krone, Otto	1964/65/67
Kindler, Otto	1949–52		Krone, Wolfgang	1996
Kipfer, Heinz	1979		Kunst, Karl H.	1960
Kircher, Helmut	1970		Künster, Hans	1964
Kiurina, Michael	1962/68–70		Kunze, Gerhard-Martin	1965/67
Klarwein, Michaela	1979/80/82		Kupper, Fritz	1978
Klemm, Heidi	1963		Kurzwernhart, Alexander	1988
Klemm, Michael	1985		Lachmann, Gabriele	1981
Kley, Richard	1962		Lampe, Reinhold	1961
Klostermeyr, Paul	1963/65		Landgrebe, Gudrun	1973
Knappe, Esther S.	1992		Lasin, Kurt	1963
Knaup, Karl H.	1992		Lehnert, Marina	1973
Knoll, Sabine	1989		Leitner, Hans	1949
Knor, Rudolf	1980		Leonhardt, Regine	1991/93
Koester, Jan	1989		Leuthen, Hans-Jürgen	1981
Köhler, Susanne	1997		Lewen, Hans	1950/51
Kohn, Frieda	1956		Lichtenfeld, Albert	1958/59
Kollakowsky, Norbert	1984		Lieder, Günther	1974
Komm, Karlheinz	1975–78		Lindberg, Willy	1968/69
Komm, Matthias	1977		Lindner, Marianne	1994
König, Günter	1982		Linhard, Elisabeth	1960
Körber, Maria	1965		Lischka, Hermann	1995
Kornmüller, Jörg	1970		Löbel, Bruni	1979
Korte, Hans	1984		Lobewein, Johannes	1977
Kortenbach, Peter F.	1981		Lobitz, Hans	1990/91
Körtge, Hans-Heinz	1971		Löffler, Brigitte	1956
Köster, Hartmut	1970		Lohmeyer, Daniela	1992
Kösters, Hansheinrich	1961		Lück, Elske	1985
Kothe, Manfred	1981–84		Lüdke, Christoph	1984
Kotschwar, Rainer	1978		Ludwig, Ursula	1980

Lutter, Axel	1978	Mönch, Peter	1969
Lutz, Eleonore	1950/51	Morche, Jürgen	1983
Lux, Egon	1998	Moreau, Detlev	1994–98
Maalek, Theo	1992	Morger, Melchior	1981–83/87/88/91–93
Mag, Toni	1977	Morlinghaus, Viola	1984
Maier, Edgar	1970	Müller, Christa	1971
Malzacher, Gunter	1981	Müller, Wolfgang	1978
Mandel, Edgar	1990/91	Müller, Peter	1994/95
Mann, Hans-Joachim	1963	Müller-Beck, Klaus	1998
Marbo, Martha	1985	Müller-Rastede, Jens	1981
Mark-Czimeg, Georg	1974	Mumm, Jürgen	1988
Martell, Karl-Heinz	1981/86	Mund, Wilhelm Michael	1958/59
Marten, Frank	1966	Münnich, Marianne	1971
Martin, Hertha	1979	Muxeneder, Franz	1973
Marwitz, Michael	1979	Nagel, Margot	1990
Maschek, Siegfried	1984	Neber, Manfred	1961
Matthes, Ulrich	1983	Neumann, Andreas	1989
Matthiessen, Artus-Maria	1988	Neumeister, Hans	1962/63
Matull, Oscar	1972	Neureuther, Erich	1960
May, Alexander	1989	Niklos, Hans	1992/93
Meierjohann, Detlef	1976–78	Nimtz, Joachim	1995
Meiers, Werner	1973	Noelle, Jobst	1993
Melchthal, Juliane	1989	Nonnenmacher, Helene	1949
Melzner, Mario	1988	Nopens, Roslies	1964/72
Menzel, Maria	1952	Oberhorner, Sabine	1997
Mey, Heinz	1973	Ohmann, Christian	1984
Mey, Franz	1989	Ohneberg, Hans Michael	1973
Meyer, Wilhelm	1961	Orlando, Patrizia	1993
Meyer, Renate	1964	Osten, Alex	1958
Meyer, Sandra	1985	Osteroth, Alexander	1979/81/88
Meyer, Roswitha	1995	Ott, Maximilian	1962
Meyer-Fürst, Willy	1962/63	Paasch, Gloria	1957
Meysel, Inge	1980	Panto, Else	1956
Michalowski, Inge	1965	Panzer, Erich	1965/66
Minten, Rainer	1958	Pastor, Edda	1979
Mladeck, Kyra	1994/96	Patzer, Franz	1959
Mohr, Gerhard	1981	Pätzold, Christian	1995/97

Paulus	1961	Reiter, Ebba	1989
Pauly, Heinz	1958 / 59	Reize, Dorotheé	1980
Paus, Maria	1949	Rendtorff, Verena	1994
Peach, Timothy	1995	Resch, Karin	1994 / 96
Peters, Asso	1960	Richards, Wolf	1966
Peters, Hans	1964–67	Richrath, Wolfgang	1971
Pfeifer, Marion	1995	Richter, Irmgard	1964
Pfeiffer, Christoph	1981	Richter, Horst	1976
Pfistner, Judith	1990 / 91	Riedmann, Gerhard	1980
Pichler, Peter	1980	Riehl, Judith	1998
Piesk, Christoph	1989	Roeschke, Robert	1962
Pilludu, Marco	1996	Rogg, Heinz	1961
Plank, Evelyn	1981	Roggenbuck, Alois	1958 / 59
Pleyer, Alexander	1970	Rohloff, Winfried	1968 / 69
Pohl, Werner	1980	Ropertz, Gabriele	1977
Poppe, Irma	1967	Röthlisberger, Suly	1979
Possberg, Heinz	1963	Ruch, Walter	1997
Post, Hans Joachim	1954–57	Rühl, Helmut	1987
Prochazka, Brigitta	1992	Rühl, Oliver	1987
Proebster, Konstanze	1993	Rühl, Helmut	1998
Pruchniewitz, Peter	1995–97	Rüter, Elfie	1964
Ptok, Friedhelm	1996 / 97	Sager, Gisela	1968
Pulsfort, Monika	1966 / 67	Sanner, Brigitte	1989
Pürkhauer, Richard	1965	Sansoni, Silvana	1980
Quester	1958 / 59	Sarbacher, Thomas	1989
Rainer, Leon	1964	Schäfer, Bernd	1964–66
Rath, Barbara	1984	Schedl, Alfred	1983
Rausch, Götz-Olaf	1972	Scheidl, Michael	1981
Reck, Hartmut	1979	Scheller, Manfred	1970
Rehberg, Simone	1996 / 97	Scheller, Peter	1970
Rehlinger, Peter	1965–67	Schellhorn, Margot	1954 / 55
Rehrl, Matthias	1991	Scheurer, Heimo	1980
Rehrnbeck, Fritz	1990 / 91	Schieck, Karina	1994 / 95 / 98
Reinecker, Bruno	1982	Schilffarth, Dinah	1995
Reiners, Hanna	1983	Schlapp, Peter	1964
Reinhardt, Franz	1958	Schleiffer, Bernhard	1951 / 52
Reinke, Martin	1982 / 84	Schmeske, Rolf	1985

Schmitt-Fetscher, Ingeborg	1978		Spiel, Peter	1995
Schneider, Karin-Marlene	1967		Spieth, Rudi	1993/98
Schobesberger, Christoph	1987/92		Spörrle, Günter	1983/87
Schocke, Eva	1994/95/97/98		Staal, Herta	1979/87/88
Schön, Josef	1991		Stadelmann, Heiner	1971
Schön, Josef	1992/93		Stahl, Tony	1970
Schönfeld, Julia	1995		Stahlke, Winfried	1984/85
Schrade, Hans	1977		Staudacher, Georg	1997
Schrenk, Günter	1968/69		Stauss, Helmut	1980
Schröder, Bruno	1952		Steck, Hermann	1952
Schröder, Udo	1956		Steeger, Ingrid	1990/91
Schröder, Anne-Caroline	1987/88		Steib, Eberhard	1954
Schrott, Otmar	1980		Steig, Friedrich	1975/76
Schuckardt, Eva	1976		Steindl, Sylvia	1989
Schultheis, Carlo	1965		Steiner, Ernst	1998
Schümann, Gabriele	1983		Steinhart, Camilla	1963
Schündler, Oliver	1989		Steininger, Jens	1984
Schupp, Helge	1968/69		Steinmann, Otto	1956
Schütze, Uta-Maria	1986		Steinmassl, Werner	1984
Schwachmayer, Ralph	1988		Stelter, Horst Alexander	1975/77/78
Schwade, August	1954–57		Stern, Jochen	1985
Schwardtmann, Friedrich	1979		Stettner, Herbert	1970
Schwarz, Sybille	1983		Stief, Bernd	1979/82/86
Schwarz, Winfried	1993/94		Stobbe, Michael	1967
Schwarzlose, Sabine	1997		Stöckl, Ilse	1995
Schwarzmann, Franz-Michael	1998		Stoek, Andreas	1987/88
Schwiers, Ellen	1981		Stolz, Angela	1984
Seifert, Claus Peter	1983/89		Storz, Eberhard	1968
Servaes, Arnim	1958/59		Stößinger, Jürgen	1965/66
Sesin, Josef	1950		Strittmatter, Fred	1978
Seywirth, Günther	1973		Strobele, Alexander	1998
Siebert, Rudolf	1964/66		Strüder, Clara	1959
Sieburg, Angelika	1972–74		Sulima, Elisabeth	1958/59
Siedhoff, Joost	1989		Surowski, Robert	1996
Siegemund, Klaus	1971		Székely, Piroska	1992
Sikora, Cornelia	1990		Tabor, Günther	1990
Siroky, Karl	1959		Tesche, Ullrich	1975

Thiel, Klaus	1971	Wandesleben, Gerta	1960/61
Thiele, Michael	1986	Wanke, Gerold	1972
Thiele, Hanna	1986	Wattenbach, Friedrich	1970
Thoma, Arnulf	1970/72	Wechselberg, Eberhard	1972
Thomer, Udo	1968/83/86/88	Wehmer, Marianne	1964/65
Tiefenbrunner, Ludwig	1957	Weigend, Bernd	1992
Tietz, Michael	1989	Weiland, M.	1968
Tischendorf, Sigmund	1998	Weiss, Marianne	1950/51
Toost, Elisabeth	1993	Weitendorf, Christa	1954/55
Trakis, Werner	1964/67	Welte, Karsten	1995
Trattnigg, Herbert	1988	Wempner, Sylvia	1988
Trebitz, Elisabeth	1958	Wenzel, Ursula	1977
Trixner, Heinz	1985/86	Wertheim, Gisela	1965
Trocker, Ferdinand	1992/97	Werthenbach, Wolfgang	1984/85
Tschopp, Michael	1971	Westphal, Marc H.	1993
Turner, Yvette	1966	Wicker, Roland	1957
Uckley, Willy	1949/50/51	Widmer, Roberto	1986
Veithen, Irmgard	1969/78	Wied, Thekla Carola	1975
Verhoeven, Lis	1998	Wilhelm, Gerhart	1970
Vincon, Horst	1966	Winde, Lutz	1994
Vogel, Johannes	1985	Windegger, Erwin	1997
Vogel, Martin-Maria	1987	Windhorst, Karl-Heinz	1954/55
Vogeley, Dirk	1989	Wingler, Hanno	1969
von der Trenck, Ullrich	1957	Winklmüller, Adolf	1952
von Gersum, Michael	1970	Wintersperger, Edgar	1994–96/98
von Hagemeister, Alexis	1991	Wirz, Karl	1958/59
von Hardenberg, Fritz	1988	Wisina, Oskar	1956
von Jenisch, Nicola	1998	Wissemann, Günter	1959
von Liebezeit, Ingeborg	1979	Witt, Peter-Uwe	1978
von Pawelsz, Jürgen	1969	Witte, Günther	1972
von Schrenck, Nora	1963	Wittig, Siegfried	1996/98
Vorbau, Regina	1996	Wobéto, Wolfgang	1984–86
Wacker, Franz	1995	Wölbern, Werner	1988
Wagner, Toni	1974	Wolf, Hans	1950/51
Wagner, Carola	1976/77	Wolf, Erika	1956/57
Wagner, Horst-Gottfried	1986/87	Wolf, Gudrun	1957
Walter, Lutz	1967	Wolf, Hans-Joachim	1962

... Schauspieler ...

Wolf, Marlene	1972–74
Wolff, Ursula	1961
Wömpner, Wilfried	1960
Wooge, Sigwart	1951/52
Wrobel, Reinhard	1994–97
Wunderlich, Doris	1963
Wutte, Lisbeth	1974
Yilmaz, Mehmet	1988
Zacek, Jiri Jirka	1989
Zadra, Christoph	1993
Zahner, Alexander	1977
Zech, Rosel	1962
Zeidler, Hans-Dieter	1984/85
Zentner, Ulrich	1995/96
Zimmer, Grete	1980
Zimmerling, Robert	1956/57
Zimmermann, Hans-Jürgen	1962/63
Zimmermann, Stefan-Sebastian	1987
Zittel, Michael	1987
Zöller, Brigitte	1991
Zollner, Rudolf	1968
Zuber, Heinz	1972